U0541123

HANYU
YUNLÜSHITIXUE
LUNGAO

汉语韵律诗体学论稿

冯胜利 著

商务印书馆
2018年·北京

图书在版编目(CIP)数据

汉语韵律诗体学论稿/冯胜利著.—北京:商务印书馆,2015(2018.12重印)
ISBN 978-7-100-10785-3

I.①汉… II.①冯… III.①汉语—韵律(语言)—研究 IV.①H11

中国版本图书馆 CIP 数据核字(2014)第 234727 号

权利保留,侵权必究。

汉语韵律诗体学论稿
冯胜利 著

商务印书馆出版
(北京王府井大街36号 邮政编码 100710)
商务印书馆发行
北京冠中印刷厂印刷
ISBN 978-7-100-10785-3

2015 年 1 月第 1 版　　开本 880×1230　1/32
2018 年 12 月北京第 2 次印刷　印张 7⅝
定价:25.00 元

前　　言

本书是笔者近十年来把语言学中的韵律构词学和韵律句法学应用于汉语诗歌研究从而建立韵律诗体学体系的第一次结集。其中各章的主要内容均在有关杂志发表过。

第一章"文学研究的新方法"发表于2013年的《文学遗产》；第二章"韵律诗体学的基本原理"发表于《当代修辞学》；第三章"汉语诗歌的构造原理"发表于《中国诗歌研究》；第四章"语体原理与机制"发表于2010年《中国语文》；第五章"语体的俗、正、典与《诗经》的风、雅、颂"发表于2014年《语文研究》，其中小部分发表于2012年的《汉语教学学刊》；第六章"韵律系统的改变与二言诗体的消亡"发表于2009年《历史语言学研究》和2013年的《大江东去：王士元教授八十岁贺寿文集》；第七章"《离骚》的顿叹律与抒情调"发表于2014年的《社会科学论坛》；第八章"三音节的韵律特征与三言诗的历时发展"发表于2008年的《语言学论丛》；第九章"五言诗与七言诗发展的韵律条件"首次在2006年的《美国亚洲学会年会》作为论文宣读，其后发表于2011年台湾的《清华学报》。

虽然各章独立成篇，但都是韵律诗体学中有机的组成部分，其所关注的核心问题正如著名诗人、音乐家及文学批评家Adam Fieled在问乔姆斯基时所言：如果普世语法是人类语言天生本能表现的话，那么"诗歌本能"（本领、比喻、韵律等）是否同样是人类天生本能而非兴趣或培育的结果？与此相类，本书所直接涉及的基本问题也是：通过当代形式语言学来探讨诗体规律是否是一种富有成效的研究?

乔姆斯基对上面问题的回答是肯定的:人类的诗歌能力(就广义而言)是本能的、普世的,尽管部分是后天习得的,部分是有关个人的。语言诗学家 Jay Kayser 的看法则更加明确:"Silent upon a peak in Dari en"和"Ode to the west wind by Percy Bysshe Shelley"两句各含 10 个音节,但第一句是诗行而第二句就不是,为什么?其原因就在于诗歌有自己的节律规则(metric rules)。这正是本书的原则与理念。请看:

"清明时节雨纷纷,路上行人欲断魂。"

"清明时节雨,纷纷路上行人,欲断魂。"

字数一样,但前者是诗,后者则是词!为什么呢?本书所要探讨的正是这类问题。

韵律诗体学试图用形式语言学的基本理论和方法来发掘和解释文学形式的规则及其嬗变规律。当然,本书的分析与论证只代表着这一新兴领域的开始,因此与其说我们试图在这里得出"韵律诗体学"的结论,不如说给这个新兴学科提出更多、更深、更有趣的问题,而其最终目的则在于引起广泛的兴趣和注意,共同从语言学的角度对这块文学处女地进行广泛而深入的研究与发掘,构建出一个更合理、更完善的韵律诗体学。

读者也许想进一步了解作者何以如此钟情于诗歌的研究。我从小学就喜欢古诗。十五六岁在清河中学校宣传队曾亲炙北京人艺演员的指导和训练,尤其在朗诵的停延顿挫方面多获点教,这是我初识韵律的早期启蒙。19 岁在和平门中学教书时开始学作古诗,有幸的是得到陆宗达先生的批改和教授,于是也略知诗法之一二。1979 年在北师大读古汉语研究生时,常和同门学友联诗对句,养成古诗吟作之癖,虽在海外,犹哼颂不辍。2003 年到哈佛,宇文所安 Steve Owen 告我他对《汉语的韵律、词法与句法》有兴趣;不久,他又召开了一个"古代声音与诗歌"的研讨会,激起我用韵律对诗歌进行系统研究的动机;数年之后,便有了现在这部书稿。然而,我不能不特别感谢的还是香港中文大学,它让我把哈佛不能实现的愿望变成了现实:首先给了我集中的科研时间、让我能够在课上课下不停思考;其次,是它的地缘文化,让我能在海峡两岸和东西方之间往来交流,一步步厘清思路、建构体系,形成了形式句法模式下的韵律诗体学的框架。

我知道,语言学中的形式句法在国内并没有被普遍认可,而形式科学就更鲜为人知。因此,用形式科学的办法来研究文学艺术,无论成功与否都很难让人即刻接受。好心的朋友曾劝我:不要做这种费力不讨好、下一代才有人理解的研究。我自然知道个中际遇,但所以至今未停而终不悔者,是二十余年来的海外学涯让我常常感到国内传统训练中形式成分欠缺的沮丧,以及后来自己不断从硬补中尝到甜头的惬意。这沮丧和惬意之间正负两种力量的夹激,让我自知是精卫,也不惜把自己衔来的小小木石丢入大海,寄望于这些微小的努力或能对汪洋大海的"基因"产生星点作用,潜移默化,使他山之石化为自家之玉。是耶非耶?在所不计也!

是为序。

冯胜利

二〇一三年十二月十二日
于香港中大,暨垣斋

目　录

第一章　文学研究的新方法 …………………………………… 1
第二章　韵律诗体学的基本原理 ……………………………… 29
第三章　汉语诗歌的构造原理 ………………………………… 51
第四章　语体原理与机制 ……………………………………… 67
第五章　语体的俗、正、典与《诗经》的风、雅、颂 ………… 90
第六章　韵律系统的改变与二言诗体的消亡 ………………… 115
第七章　《离骚》的顿叹律与抒情调 …………………………… 144
第八章　三音节的韵律特征与三言诗的历时发展 …………… 166
第九章　五言诗与七言诗发展的韵律条件 …………………… 192

参考文献 …………………………………………………………… 217
后记 ………………………………………………………………… 229

第一章 文学研究的新方法

汉语"诗律学"是一个既老又新的学科。说它老,因为中国的诗体(不是诗旨、诗意的)研究由来久矣。远的不说,朱光潜的《诗论》、王力的《汉语诗律学》就是近代诗体研究的名作。然而,我们说韵律诗体是一个新学科,是因为语言和韵律的研究有了新的发展,我们可以从新的角度思考和回答汉语文学史上的一些最简单、最悠久、同时也是最难回答的问题,譬如二言、三言、四言、五言、六言、七言诗歌的不同在哪里?它们发展次序背后的语言因素和机制是什么?这些都是本书试图探讨和回答的问题。

基于上面的考虑,本书首先介绍汉语诗歌研究中新的理论工具和分析方法。我们将从本书下面章节中看到:近年来汉语诗歌的语言研究有了新的进展,而其基本的原因是新的理论工具的引进、发明和使用。简言之,即韵律学、语体学和历史句法学。由于新工具的帮助,研究古代文学的历史和发展就有了新的角度,从而给古代诗歌的研究增添了一些新的方法和问题,带来一些新的发现。如果把这些新的现象汇集在一起,可以让我们思考一个更大的问题,即新的学科的建立:汉语韵律诗体学——通过当代韵律学(包括语体学和历史语言学)建立起来的诗体学。本书各章节的讨论都是从理论工具和分析方法两方面,来探讨最近古代诗歌研究中的一些新的现象。本章首先从理论和方法上简要介绍韵律诗体学的新视角。

一、新的理论工具

先看什么是新的理论工具。我们以为,近年来有三个方面的成果对古代诗歌的研究可算是"新"。一是"韵律学",二是"语体学",三是"汉语类型的演变"。这三方面的研究成果为我们观察汉语诗歌从古到今的变化提供了一个全新的角度,为我们研究语言和文学的关系提供了一个新的理论工具。

先看韵律学。以往诗歌韵律研究所关注的对象是押韵、节拍和平仄。最新的韵律学(以里博曼 M. Liberman 1975 为基础)可以帮助我们分析诗行中每个不同词性的字的不同韵律的组合。为什么呢?因为韵律学给我们提供一个工具性的法则,它告诉我们:人类语言中节律的一个重要法则是"相对轻重律"。人说话要有节奏,节奏是由一个一个的单位组成的,而其中最小的独立单位是由"轻"和"重"两个成分组成的。这就是 1975 年美国学者里博曼发现的重要法则,名之曰"相对轻重律"(relative prominence principle)。这条规律告诉我们"没有轻就没有重"。自然,我们据此还可以推出"没有重也没有轻"。于是,轻和重变成相对的,不是绝对的。一轻一重组成一个节律单位,于是就有了"轻重单位"的概念,叫做"音步"。① 根据相对轻重的原则,"音步"只能是二元的,到了结构上就成了"双分枝"组合。"双分枝"的结构概念就是建立在"相对

---

① 每个语言的音步都不尽相同,取决于该语言的音系结构。譬如汉语是音节计时音步(syllable timing,计算几个音节),而英语则是重音计时音步(stress timing 计算重音的时间间隔)。本书所谈到的音步主要指汉语的音节音步。

轻重"这一"相对律"的基础之上。据此,无论是一串自然语音,还是一行诗,都由这些一个一个的轻重单位所组成。轻重单位在组合时是从左开始往右组合呢,还是从右开始往左组合呢?于是,就带来了一个新的"音步组合方向"的大问题。就汉语而言,我们看到:说话的时候,词有音、音有义;于是组合"语音单位"就不可避免地受到语义和句法的影响。根据语义和语法组合出来的语音单位是一种情况,譬如,"药材好,药才好",不能说成"药/材好,药才/好"(斜线表示间歇),因为其中的间歇没有按照语义和句法的单位进行。还有一种情况,就是一串音不受语义和语法的影响,这样组合出来的节律叫作"自然节律",在韵律学上称之为"自然音步"。自然音步和非自然音步不一样。自然音步只能从左往右,不像非自然音步那样可左可右。譬如,下面的节律就是自然音步:

(55)5)　　　　不能念成(5)(55),说明从前两个开始,从左向右地组合;

(55)(55)　　　左右皆可,决定不了方向;但能证明双音节音步(不能念成:(5)(55)(5))

(55)(55)5)　　不能念成(5)(55)(55),说明也是从左向右的组合;

(55)(55)(55)　左右皆可,决定不了方向;但能证明双音节音步;

(55)(55)(55)5)前四个按(55)(55)念;后三个按(55)(5)念,也说明从左向右。

汉语音步的"自然组向"是一个新发现。另一个连带的发现是:诗歌的节律一般都按纯韵律的步子走,所以它们都是从左往右组合而成的自然音步。譬如七言的"无边落木萧萧下,不尽长江滚滚来",其节拍是"♯(XX)(XX)|(XX)X♯",这是自然音步的韵律

格式,是右向音步的结果。这也就是为什么"为他人作嫁衣裳"这类诗句不上口的原因所在,因为它不自然,是[3+4]的左向音步的结果。由此可见,汉语诗歌中的五言[2+3]、七言[(2+2)+3]都是从左向右的"右向音步",按自然音步组合的结果。简言之,有了韵律的轻重原则,有了韵律的音步原则,再加上音步的组向原则,我们对汉语诗歌构造的原理就比以前有了更深的认识,因此现在的诗律分析也可以突破以前的局限,解决旧有的问题,发现新的现象了。譬如,为什么五言诗是2+3而不是3+2?七言诗是4+3而不是3+4?有了相对轻重(及其文学效应,本书第八、九章专门讨论)这些新的工具以后,我们不但可以从新的角度思考和回答这些问题,同时还可以更深入、切实地理解古人所谓"若前有浮声,则后须切响。一简之内,音韵尽殊;两句之中,轻重悉异"的道理的科学性。浮声、切响,自然都是"相对轻重"的表现,而"一简之内"、"两句之中"正好都是保证"相对律"实现的诗语环境。因为"相对轻重律"既要求有结构,又要求有变化,所以才有"尽殊""悉异"的表现。轻对重,重对轻,韵律的音乐之美才能表现出来。所以,有了韵律法则这个工具之后,我们不仅能分析诗歌和韵文,还可由此分析散文。事实上,如果我们不能很好地了解散文的韵律(参《汉语的韵律、词法与句法》),就不可能很好地了解诗歌的韵律。而了解诗歌的韵律之后,反过来又能帮助我们解释散文的韵律。譬如,古代文论中从古至今都在讨论的"骈散"问题,有了这个新工具,我们就可以从节奏"悬差律"的角度(参第二章),来考虑汉语文学史上这种独绝的文学范畴。

以上是我们说的第一个新工具:韵律学。当然,这里只是简单的介绍。韵律学自身是一门独立的学科,其中引发出的韵律构词学、韵律句法学,如今也都独立成科。韵律诗体学,是我们所要探讨的和发展的一个新领域;我们相信,她会给将来的文学研究提供一个新的角度和窗口。

本章所要提出的第二个新工具称之为"语体学"。什么是"语体学"?语体学关注的是说话时所用的音调、词汇和语法的语用类型:是正式的呢,还是非正式的呢?是典雅的呢,还是通俗的呢?这是语体体系中的两个二元对立的基本范畴。以前的研究很少注意到人们说话时语体的不同也会影响到语法的不同。经过近年来的研究(陶红印1999;张伯江2007等),人们逐渐认识到:说话、作文时语体的不同,不是简单的修辞问题,它直接关系到语法异同和对错的系统问题。比如,我们可以说"昨天我们购买和阅读了《中华大典》",但是我们绝对不能说"*昨天我们买和读了《中华大典》"。虽然"购买"就是"买","阅读"就是"读",但是,后一句中的"买和读了《中华大典》"不能说,因为它违背了语法的规则。违背什么语法呢?为什么都是"[动词+和+动词]",说到"购买和阅读"就不违法,说到"买和读"就违法了呢?现在我们知道,因为"买"和"读"是单音节的,是口语的;"购买"和"阅读"是双音节的,是正式体的(冯胜利2010、2011a;王永娜,2010)。正式体使用的是一种语法([V&V]),口语体使用的是另一种语法(如:不但买了而且读了那本书)。虽然正式和非正式体的语法不可能完全不一样(那就变成了两种语言),但表现不同语体标志的语法是可以完全不同的(因此是Diglossia两体语)。以前语言学家没有意识到语体有这么大的分派语法的威力,因此利用语体来研究文体和文学也就无从谈起。现在我们发现了它的功能和威力,并主动用它来研究文学,这就为文学的研究提供了又一个新的工具(本书第四、五两章专门讨论)。

当把这一工具运用到文学上的时候,我们发现,不同的语体不但有不同的语法(语言的法则,包括语音法则、构词法则和造句法则),而且不同的语法可以表现不同的表达效果和艺术效应。比如"清明时节雨纷纷"是七言。七言诗比较雅正,尽管其产生之初带有"小俗"的色彩(此乃语体之变,参第九章)①。然而有趣的是,如果把比较齐整的七言诗行的字数稍加变动,使之不再每行七言,其诗的味道马上消失。譬如说:

> 清明时节雨,纷纷路上行人,欲断魂。

这是"词",而不是"诗"。虽然其中字还是那些字,意思也没有太走样,但是文体和风格截然两样了。为什么呢?从韵律上讲,诗给人齐整正式的韵律感,而词则给人长短自由的口语感。这种舒展自由、亲切俗常的"词感",和那种均匀庄整的"诗感",其所以不同的语言学基础就在于它们的韵律和节奏,和它们句子格式的长短与整齐的程度直接相关。这种造句的长短式和齐整度,又与语体直接相关:齐整是正式庄重的属性,长短是口语便俗的特点。以往人们对韵律的语体属性、语体的文学属性,都关注不够。现在我们把语体独立出来研究,发掘它的机制和体系,不仅可以发现以前未曾发现的规律和现象,而且能深入理解传统的旧说。譬如黄季刚先生在他的《日记》里曾经谈到过一个很重要的、对今天建立语体学说意义重大的观点。他说:

> "常语趋新,文章循旧,方圆异德,故雅俗殊形矣。"(《黄侃日记》199 页)

> "语言以随世而俗,文章以师古而雅。"(《黄侃日记》199 页)

> "雅俗有代降,其初尽雅,以雅杂俗,久而纯俗,此变而下

---

① 傅玄说:"昔张平子作四愁诗,体小而俗,七言类也。"(《拟四愁诗》)可见七言句虽西汉屡见,至晋仍"体小而俗",南北朝开始定型,至唐方盛。

也。雅俗有易形,其初尽俗,文之以雅,久而毕雅,此变而上也。由前之说,则高文可流为俳体;由后之说,则舆颂可变为丽词。然二者实两行于人间,故一代必有应时之俗文,亦必有沿古之词制……及夫时序一更,则其所谓雅者依然;而所谓俗者,乃不复通用。何也?时代变而风尚变,方言变、常语变、习惯变,纵欲与之悉同而不能也。"

——《黄侃日记》214 页

"雅俗代降论"是一个绝大的发明。雅的和俗的,因时代的不同而有升有降,亦即:雅的可以变成俗的,俗的也能变成雅的。前文说过,最初的七言"体小而俗",但随时间的推远而渐成雅体。典雅与便俗、正式与非正式,随着时代的不同而发生变化。开始的时候,可能全都是雅的(其初尽雅),但"久而纯俗",说久了,用俗了,就丢掉了"雅"味道。另一种情况是"其初尽俗"——开始的时候是俗话,"久而毕雅",不是用久了,而是久而不用,有了距离感,于是显得古雅了。这又给我们研究古代诗歌和诗体开辟了一个新的窗口。说这是一大发现,一点也不过分(章黄传统学术宝库之有助于今者,此其一斑)。[①] 譬如:"窈窕淑女,君子好逑。"今天我们读起来觉得文气盎然,高雅之极。其实在当时不过是一首民歌。由于我们对"窈窕淑女"中的"窈窕"不熟悉了,今天也不说"君子好逑"了,"淑女"也不是日常口语了,所以就觉得它很典雅,束之高阁,奉为古典。然而,根据鲁迅的翻译,那时这首诗无非是说"漂亮的好小姐呀,是少爷的好一对儿"。这么一译,典雅味道即刻全无。其

[①] 参冯胜利"新材料与新理论的综合运用——兼谈文献语言学与章黄演绎论"。中国社科院语言研究所举办"国学研究论坛·出土文献与汉语史研究"2012 年 11 月 3 日至 4 日。

实,"窈窕淑女,君子好逑"这句民歌在当时人的嘴里,可能就这么通俗。为什么今天变"雅"了呢？时间久、距离大,老旧的东西就觉得古雅了。与此相反,"小心翼翼"这个词原本非常典雅,是《诗经·大雅·文王之什·大明》里的殿堂歌词。今天虽仍然不俗,但其庄典色彩大不如昔。因为今天说多了,使用频率高了,其殿堂色彩也就淡却了。所以,从俗到雅,由雅变俗,是语言文学中的一个"语体变量"。以前我们没有自觉地用这个工具来研究文学演变的语体动力,现在有了这个新工具,自然地,从研究的对象和方法到研究心态和气象,也会因之而有不同。再如"蓦然回首,那人却在灯火阑珊处",(根据北大语料库)用今天的话说就是"突然回头一看"。如果这首词说"突然回头,那人却在灯火阑珊处"就不够味儿。但实际上"蓦然"在当时本是非常通俗的口语。因为时代久远了,口语里不说"蓦然"而只说"突然"了,就觉得当时的口语也文雅了。时间久了的,俗也雅。原先雅的,说得多了,频率一高,雅的也变俗了。于是,这就给了我们一个新的角度来理解古代诗歌的魅力、来研究诗歌的发展,来看它们是当时的雅还是当时的俗(依据所谓"断代语感",参第五章),看它们具有什么样的语体特征和艺术效应。与此同时,我们也就可以带着新的问题看它们是什么时候开始"雅化"的,又是在什么情况下以及如何开始"俗化"的。这样一来,文学研究就有了一个新的"气场"：在这古今雅俗代谢的交替中,体味文学艺术的美感、总结这些美感的语言根据和规律。显然,这是以往语言学和文学均未曾有过的新的研究角度。尽管历史上很多学者涉及到作品和美学的雅俗问题,但是没认识到雅俗也是语体机制的表现,因此也没有意识到语体也是文学形式(文体)演变的一个潜在的动力。

第三是语言类型论这一新工具,亦即上古汉语类型演变说。

大家都知道文学离不开语言,然而语言是变化的。文学呢?文学自然有自己的变化规律,但文学如何跟着语言的变化而变化的问题也不可忽视。这方面不能说以往没有研究,但没有专门的研究却是事实。近年来汉语史研究上的一个新的突破就是汉语以东汉为界的类型性变化:汉朝以前的汉语属综合型语言,东汉以后为分析型语言(张世禄1934,魏培泉2002,Huang 2005,Xu 2006,冯胜利2009,及其所引文献中,均有论述)。这一类型性的变化给汉语的文学带来什么样的影响?至今没有引起足够的关注。然而文学从古到今,变化非常:先秦四言、东汉五言、隋唐七言,以及唐诗、宋词、元曲等等,似乎无时不变。但文学离不开语言。我们说汉语有三言诗、五言诗、七言诗,而英文则没有三言、五言一类的诗体。为什么?很简单,英文和汉语不一样。语言不一样,它的诗歌形式也因之而异。那么,汉语有什么独特之处?赵元任先生曾说汉语的语法从古至今没多大改变。[①] 现在不能这么说了,因为根据最近的研究,汉语在东汉以前是综合型语言,到了汉朝以后,逐渐变成了分析型语言。综合型语言和分析型语言的区别在哪里?有何显著的不同?其实,词类活用就是最典型的表现。"登泰山而小天下",这个"小"是意动用法。"斫而小之"的"小之"是把它弄小,是使动用法。《左传·成公二年》"齐侯亲鼓,士陵城",不用"打鼓"。"让他枕到自己的腿上",古人说"枕之股"。这些都是典型的综合型语言的特点,但到汉朝以后就逐渐消失了。下面是东汉以后出现的几个重大的改变。

[①] 原文是:"The grammar of Chinese is practically the same, not only among the dialects, but even between modern speech and the classical language." (1976:99)"(见 Chao, Yuen-Ren. 1976. *Aspects of Chinese Sociolinguistics: Essays by Yuen Ren Chao*. Stanford: Stanford University Press.)。

第一，从去入不分到去入分明。先秦时去声和入声是可以通押或混用的。段玉裁说过："去声备于魏晋"。到了魏晋，去入不能相混了。汉以后，"离去无破"反映的是去声的独特性。我们知道，读破是从东汉经学家开始的，东汉之前没有这种情况。从这里可以印证段玉裁的"古无去声说"；也可以印证黄季刚先生的"古无上声说"。如果用王力先生的"长入、短入"说来代替段玉裁的"古无去声"的话，结果也一样：远古汉语只有平声和入声两个声调。我们知道，入声不是调（参岑麒祥"入声非声说"，1943），那么远古汉语只剩下一个平声。只有一个声调的语言还叫声调语言吗？现在我们知道了，通过汉藏比较及少数民族语言的研究，上古汉语没有声调的结论是可信的。汉语没有声调，那还叫汉语吗？事实是：如果汉朝以前的汉语是一种汉语，汉朝以后的汉语则是另一种汉语，那么它们就是类型不同的两种汉语。

再如三音节词汇，之前我们注意得也很不够。《易经》《诗经》里都有三言形式。似乎三言自古而然。事实并非如此简单。从语言整体结构上看，先秦没有"丧家狗"一类的三音词。"丧家狗"这三个字在先秦要说成四言的"丧家之狗"。2+1式的名词到了东汉才大量发现，这也说明汉朝前后是一个分水岭——三音节能否造词的分水岭。再如，词序的演变（"不我知"到汉朝以后都变成了"不知我"）、"被字句"的产生、系词"是"否定格的出现，都在东汉。可见，汉语在汉朝前后从一种类型的语言演化成为了另外一种类型的语言。对比下面的演变类型，就更可看出汉语以汉朝为界的整体变化。

东汉以来汉语类型性演化示例

一、语音演变

　　1. 去入有别（去声备于魏晋。见段玉裁《说文解字注·

六书音均表》)

2. 离去无破(真正的声调读破是东汉时才产生的。见张传曾,1992)

3. 三音节音步成熟

4. 声调俱全(四声始于齐梁。见钱大昕《十驾斋养新录·四声始于齐梁》)

5. 四音节复合音步(四字密而不促。见刘勰《文心雕龙·章句》)

6. 古注音变出现(郑玄:"古者,声窴、填、尘同也。"见《诗经·豳风·东山》)[①]

7. 声训绝迹(古代音系的大转型,使后人无法再因声求源)

二、词法演变

1. 双音词暴涨(创造出大量单双对应词:戮/杀戮、笋/竹笋)

2. 三音词出现(丧家狗、马下卒、偃月钩、两头蛇。参胡敕瑞2006)

3. 四字格成词(护持助宣佛之正法。见《妙法莲华经·五百弟子受记品》)

4. 声调形态造词法(四声别义)

三、句法演变[②]

1. 代词宾语归位(不我知→不知我;何知→知何)

2. 被字句成熟(被戮→被尚书召)

[①] 郑玄是我们看到的最早注解古代音变的注释家。
[②] 参 Peyraube,1996;魏培泉,2002。

3. 动补结构出现(压死→打死之)

4. 系词产生([A B 也]→[A 不是 B])

5. 量词产生(枚,个等)

6. 方位词产生(N+下/上等)

7. 轻动词取代空动词(齐侯亲鼓,见《左传·成公二年》→不久打鼓,见《佛本行集经·耶输陀宿缘品》)

四、文体演变

1. 三言诗出现　　颍水清,灌氏宁;

颍水浊,灌氏族。

　　　　　　——《史记·魏其武安侯列传》

此为最早三言诗(体),它与先秦的三言大相径庭(参冯胜利,2008)。

2. 五言诗出现　　青青园中葵。朝露待日晞。阳春布德泽。万物生光辉。

常恐秋节至。焜黄华叶衰。百川东到海。何时复西归。

少壮不努力。老大徒伤悲。

　　　　　　——汉乐府《先秦汉魏晋南北朝诗·长歌行》

此为最早五言诗(体)。

3. 四三体出现　　《五经》无双,许叔重。

　　　　　　——《太平御览·卷608·学部二》

关东大豪,戴子高。

　　　　　　——《后汉书·逸民列传》

这类前四后三押韵的谣谚,始于西汉,盛于东汉。

4. 四六文成熟　　泝迤平原,南驰苍梧涨海,北走紫塞雁门。

　　　　　　——《鲍参军集·芜城赋登广陵城作》

骈文是东汉以后六朝的特产。

5. 七言诗出现　　红颜零落岁将暮,寒光宛转时欲沉。

——《鲍参军集·拟行路难十九首》

严格意义上的标准七言诗体,到刘宋的鲍照才开始。它和辞赋里面的七字句,无论从音步单位看还是就节律单位说,都不能同日而语。

五、韵律的发现

1."若前有浮声,则后须切响。"

——《宋书·谢灵运传论》

2."两句之内,角徵不同。"

——《南史·陆厥传》

3."凡声有飞沉,响有动静,双声隔字而每舛,叠韵杂句而必睽;沉则响发如断,飞则声扬不还,并辘轳交往,逆鳞相比,迂其际会,则往蹇来连。"

——刘勰《文心雕龙·声律》

4."四字密而不促,六字格而非缓;或变之以三五,盖应机之权节也。"

——刘勰《文心雕龙·章句》

综上可见,汉语类型论可以为我们研究古典文学提供又一个新的参照点、一个有效的理论工具。这无疑可以帮助我们发掘语言文学关系上更多、更新的新现象和新规律。萨丕尔说:"语言中的语音基础只是赋予文学发展方向的诸多特征之一;较之更为重要者,是该语言形态的特有属性。该语言能否构造合成词,其结构是综合的还是分析的,其词语在句中的位置是自由的,还是被严格地限定在一定次序的序列中的,这些都将对其文学风格的不同发展具有重大的意义。文学风格的主要特征,就其组词或造词的技巧而言,是由语言自身的属性所赋予的;就像韵文的音乐效应一样,是由语言的声音及其自然语调所赋予的。"(1921:226)由此可见,如果说汉语在两汉之际发生了整体性的类型转移,我们在研究中国古典文学的时候就应从"什么样的语言造什么样的诗、什么样的语言产生什么样的文学形式"这个角度,进一步来观察、探索和总结变化以后的文学形式和规律。

总之,时代为我们提供了三种新的文学史研究上的理论工具:一是韵律说,二是语体说,三是汉语类型说。这些新的工具为我们观察、理解、欣赏和研究古典文学提供了一个崭新的角度,让我们从新的窗口重新关照我们熟悉但又奥秘重重的古典文学。可以说我们处在一个富有新工具的幸运时代,它足以帮助我们的文学研究,回归语言,返本创新。

二、角度与方法

有了上面的三个新的理论工具以后,还有角度和方法的问题需要引起我们的足够注意。这个问题是著名语言学家魏建功先生于二十世纪三十年代提出来的。他很早就意识到文学研究中的角度问题,他说:

中国语言里的音乐特质,形成文学上形态自然的变迁。一部文学史单从文字记载的表面上去说,抓不着痒处;单讲文字意义的内容,岂非是"社会史"、"思想史"的变相了吗?那是区区所谓"形而上"的,世之君子岂可离去"形而下"的实质乎哉?虽然,人不能须臾离了空气,却不肯仔细了解空气;我于讲中国文学的人讨论形态问题情形,亦有此感。

——魏建功[①]

魏建功在三十年代就提出了这个问题:一部文学史,单从文字记载表面上去说的话,是抓不住痒处的。单讲文学意义的内容,那是社会史、思想史的变相!恰如心脏离不开血液,可是如果只研究"良心良知"而不管血液循环,那是伦理的事,不是心脏专家的工作。文学研究也有鉴于此者:若只关心作者作品的文化和历史而不研究作家作品的语言及其结构,就如同研究心脏而不管血液循环;就如同魏建功所说"人不能须臾离了空气,却不肯仔细了解空气"一样。有鉴于此,魏建功在1934年的时候就提出了这个发人深思的问题。为什么值得深思呢?我在哈佛工作的时候,参加过一些当代和古代的文学研讨会,会后的感觉是:如果把这些会议的题目(如"宋明文学研讨会"等)中"文学"二字改成"文化"的话,你不觉得有什么不合适。为什么呢?文学研讨会上讲的都是文化、历史和思想。什么是文学呢?好像文学研究的就是思想和文化。那么"文学的研究"和"思想文化的研究"有何不同呢?值得深思!我们知道,文学是语言的艺术,是表达思想感情的艺术。文学家不是思想家,思想家也不是文学家,尽管二者有时划水难分。最令人不解的是,文学的研究似乎不谈思想就不深刻,似乎没有文化就上不了层次。这对外国学者来说是可以理解的,因为汉语不是母语,很难体味其中特有的语言艺术,就如同只以汉语为母语的人很难读出英文打油诗(Limerick)的诙谐感一样。萨丕尔说:"罗斯(Groce)说'文学作品永远是无法翻译的'是完全正确的。"(*Language*:222)。因此,母语非汉语的研究者很难从事研究和发现汉语的语

[①] 魏建功《中国纯文学的姿态与中国语言文字》,《文学》第2卷第6号,1934。

言艺术之美。于是,外国学者都把中国文学的研究集中在思想和社会上。在那些领域他们自然可以发挥其擅长理论、思想深刻的长处。然而,作为说本土语言的学者则大可不必步其后尘,舍长取短,把自己文学所从生长的语言抛弃不管。更何况我们有了新的研究工具,就更应该回归自己语言所长的道路,从而独辟蹊径,创立学说以昭示来者。

事实上,我们对汉语文学史上自身土壤所酿制的文学形式的研究,不是足够了,而是谜团丛丛,有待发覆。

譬如三言诗,什么时候才有的?为什么会出现?四言诗到《诗经》以后就不再充当文坛上的主要角色,但为什么到后来并没有消失?为什么三言诗不登大雅之堂?为什么五言诗先秦没有直到东汉才兴起?——有人还不相信是东汉以后,有人想往早处提,有人想往后面拉。文学史上的一大疑案:五言诗到底什么时候兴起的?注意,在西汉的时候,五言和七言几乎都有见例。但是五言诗真正成体,没有争议的诗是在东汉。七言呢,即使到了东汉仍未成熟。为什么两体都在西汉的时候出现,可是到了后来却先有五言,后有七言呢?由此看来,根植于汉语的文学现象,至今还有很多谜。如果说不是西学导向使学者无意或无法顾及自己文学的语言特点的话,魏建功1934年提倡的文学本体的研究也没进展;文学史上许多和语言紧密相关的千古奥秘,至今没有得到解决甚至没有提出。比如,骚体的韵律格式是什么?为什么离骚要用顿叹率?骚体里面的三、六、五、七言的句式和后代诗歌的三言、五言和七言有何异同?同在哪里?不同在哪里?我们都没有一个很好的结论。为什么骈文以四六为主?为什么四六不能参差成诗?为什么四六只能叫文不能称诗?这些都是中国文学史上有趣而又重大的问题,都是离开语言规则就无法解密的大问题,是中国文学史独特的大问题。我们这个时代的学者是幸运的,因为有了解密的新工具。当然,"可以"不等于"必然"。更重要的是,新的工具可以激发我们解密的动机和热情,从而帮助我们从不同的角度认识汉语的诗歌,加深我们对语言与文学关系的理解,发展出更新的学术范畴和领域。事实上,就学术的发展而言,后者(新学术领域的创立)比前者(解千古之谜)更富有学术的意义。

这里说的新的学术领域的建立不仅要依靠前面说的新工具,同时还要有现代化学术的方法。我这里所说的"现代化学术方法"或者"学术的现代化方法"并不意味着这些方法以前没有,或现在才有;而只是说这些方法在当代学者的学术活动中是自觉的、常规性的。换言之,方法的现代与否取决于对它使用的自觉与否,取决于对它的使用"系统与否""理论化与否"。在这样的前提之下,我们讨论"学术的现代化的方法"。

2.1 第一个方法是"语言分析法"。文学艺术的分析首先要做好语言的分析。语言分析包括作品的语音特点、组词方式、句法结构等。文学形式的研究要做具体的语言分析,因为:

(1)音中有意——"杨柳依依"的"依依"不仅是简单的重叠,重要的是制造"旋律"式的音乐效应;

(2)组词有法——"雁阵惊寒"的"惊寒"是词还是短语?是"词"则意义比较固定;是"语"则可具"超时空"的属性(在寒中惊叫、为寒所惊吓、惊惧的寒冷……);[①]

(3)句法有格——"日斜奏罢《长扬赋》"改作"日斜奏赋《长扬

[①] 有关具时空、泛时空和超时空"三级语体语法"的不同范畴和概念,参冯胜利2010,2011b。

罢"是句法学上的"核心词移位"的运作,赢得"诗家语如此乃健"①的美誉。举例来说,《芜城赋》,开篇即带"驱迈之气":"泋迤平原,南驰苍梧涨海,北走紫塞燕门。"可以理解为:辽阔坦荡的广陵平原,南边:苍梧和涨海在飞驰;北边:长城和燕门在奔跑。鲍照用"惊心动魄之辞"创造出了"赋家之绝景"(姚鼐评语,见《古文辞类纂》)。如此境界是如何达到的呢?必须做具体的语言分析才能见其"绝景",知其妙道。分析发现,作家潜意识使用的是现代语言学告诉我们的一种句法移位的运作,亦即把"如""像""有""让"一类轻动词取消,让后面的动词移到它们的位置上来;于是不说"像什么东西驰骋",而说"驰什么东西";不说"山像银蛇一样跳舞",而说"山舞银蛇"。这是按照典型的轻动词句法的规则造出来的句子。我们原来只注意它的艺术效应,没有注意其中的句法,经过具体的语言分析,我们知道了造成如此生动的意象和境界的,是文学语法的应用。② 当然"南驰苍梧涨海"的韵律结构是"南-驰//苍梧/涨海♯",还是"南驰//苍梧/涨海♯"? 其中几个节拍? 几个间歇? 这些都要有具体的分析。说不清,只一句"漂亮"! 或一句"苍凉动魄"类的评价,没有落实,称不上具体的分析。我们不是不要评论,但不能没有具体的分析。评断的内容要能落到实处。譬如黄季刚先生在评论骈偶规律时说:"应偶者不得不偶,尤应奇者不得不奇"(《文心雕龙札记·丽辞》)。这确是谛论,但失之于"泛"。譬如什么时候"应偶",哪些地方"应奇",没有具体的交代。不具体,结果只能意会而不能言传。然而,今天我们有了韵律学这个工

---

① 《西清诗话》云:"王仲至昭试馆中,试罢作绝句题于壁云:'古墓森森白玉堂,长年来此诗文章,日斜奏罢《长扬赋》,闲拂尘埃看画墙。'荆公见之甚叹爱,为改作'日斜奏赋《长扬》罢',且云:'诗家语如此乃健'。"

② 如何创造一套完整的"文学语法"则是本书所预示将来研究的大课题。

具,我们的分析就可以具体化。譬如,我们可以根据韵普通重音的句法结构说:在句子普通重音的位置上的成分,应该"双",不应"单";在邻接重音的非重音地带,则需单(参《汉语的韵律、词法与句法》)。前者,我们有"＊购买书"、"＊种植树"('＊'表示后面的语言形式不合语法)这类不合法的句子做支持(头重脚轻的动宾短语,不合核心重音的规则,故不合法);后者我们有"＊普遍查文献"、"＊普遍访京师学者"为佐证(直接修饰动词的状语的音节不能多于动词,因此"遍查文献"、"遍访京师学者"就合法了)。没有具体的语言分析,则很难凿实其文学之效,很难"不蹈空虚之弊"(《文心雕龙札记·风骨》)。

再如"落霞与孤鹜齐飞,秋水共长天一色"这一千古名句,一句七字。难道是七言诗句吗?当然没人这么说,但能说这两行七言是四六的"六"吗?也没人这么说。然而,根据韵律的分析,它们属于四六变体。中间的虚词"与"和"共"根据韵律的分析当处理为间拍成分的"韵律虚词"(参本书第二章)。于是,这两句的基本节律是"落霞-孤鹜-齐飞♯秋水-长天-一色♯"。这是齐整律的格式,给人一种"综错平衡"的感觉。如果让这种对称平衡韵律带上一些口语语体的间错美,那就在节拍之间插入一个"间拍成份",变成"落霞(与)孤鹜齐飞,秋水(共)长天一色"。其中的"与"和"共"在这里叫做"韵律功能词"(参本书第八章),是插进节拍间的韵律虚词(不是句法虚词)。这样分析才具体化,这样的具体分析才能把文学语言的韵味落到实处。不仅如此,通过这样的分析,我们相继发现了"间拍词"或"韵律虚词"文学和美学上的功能和作用。带间拍词的六言律和不带间拍词的六字律,在骈文艺术中的效应是不一样的。于是我们又随之面临另一新的问题:骈文里的六言,什么时候要"间",什么时候不"间"?什么时候要求齐整的六字格,什么时候要在六个字里插入一两个字？其中的条件和决定因素是什么？更深入的问题是：为什么加入间拍词后，整体上还是三个节拍，但感觉上就绝然不同了呢？经过这样的具体发问以后，我们就更加确信"中国的语言究竟怎么样发挥它的文学作用"的问题，是一个饶有学趣、值得深入探讨的大问题。一言以蔽之："具体"既是问题的钥匙，也是问题的源泉。

2.2 第二个方法，我们叫验证法。以前的文学研究只用"体味法"或"印象启示法"，就是把自己的心得、体会以及悟出的道理告诉别人，就像"鉴赏法"告诉你原作哪里美、如何美一样。我们说，传统的方法是基础，不能没有，否则我们将无法欣赏文学艺术之美。没有感觉，谈何研究？这是内行和外行研究中国古典文学的最大不同。

但除此而外，我们还要把文学的研究成果变成学术上可以验证的结论。要想把心得变成学术上确凿可验的结论，就不能像品尝佳肴似的"只能意会，不可言传"，或者给出一些"人同此心，心同此理"的结论。比如说，根据韵律学和汉语的特点，我们说汉语诗歌的构造方法是"最小的、最基本的就是最佳的"（参第三章）。只这么说还不够，因为这句话的含义不具体、不明确，需要分析和验证。比如，"最小的"指的是什么？我们知道最小的节律单位是音步（一个轻重，或相对凸显，或最小分支的单位）。那么诗歌的最小单位是什么呢？是诗行。诗行的最小的单位是什么？一个诗行最少要有两个节拍（或节律单位）。所以最小的诗行一定是两个音步。最小的也就是最基本的，这个不说自明，因为最小的东西是不能分解的，因此最小的可以是最基本的，不证自明。那么"最小的就是最佳的"的意思是什么，则需要说明和验证。汉语的诗行可以是两个、三个、四个音节的;也可以是五个、六个、七个,甚至八个音节的也有。但是,最佳的诗行是两个音步或两个(相同或不同的)节律单位。如果两个音节一个音步,那么最佳的诗行就是四个音节(四言诗)。如果单音节是一个音步的话,那么最佳的诗行就是两个音节(二言诗)。上面的分析和理论能被证实吗?怎么证实呢?现代化学术方法的一个重要标志就是:只说不行,非证不立。

验证有两种,一种是理证,一种是实证。理证必须是逻辑的必然。譬如,如果上面说的"最小的、最基本的就是最佳的"是一条构诗原则的话,那么六言在汉语就很难成为一种诗体。为什么?因为在逻辑上它不能存在。为什么呢?按照两个音节一个音步的标准,六言是三个双音节音步的组合(2+2+2)。三个音步不是最小的诗行,因此不是最佳的。不是最佳则不能成"体"。所以汉语没有六言诗体。这是理证。实证呢?实证是取证于事实:六言在汉语的诗歌发展中从来没有占据过主导的地位,这是事实,由此可证"汉语没有六言诗体"的结论。① 没有六言诗体的"实证"再加上没有六言诗体的"理证",这个结论的指向不在"六言"成诗与否,而在"最小的、最基本的就是最佳的"这条构诗原则,这才是这里"验证"奥旨之所在。

那么三言呢?三个音节可以是两个单位,一个单位是两个音节的音步,另一个是一个音节拉长后变成的音步(残音步)。据此,

---

① 那么[3+3]的组合不是两个单位吗,为什么不是最佳组合呢?首先,3+3不是自然音步的节律,而满足自然音步的节律的2+2+2则违背了"一个诗行两个单位"的最佳选择。此外,冯胜利 2010 的文中注解 43 里面指出:3+3 中的"3=2+1/1+2"无法避免悬差率的俗谐色彩,因此也很难用于创造正式典雅的诗歌体式。当然没有六言诗体不等于没有六言诗的尝试(如汉魏间孔融即尝作六言诗),但诗体能流行,尝试唯偶现。

三言诗可以独立成体。然而,如果三言诗可以成体的话,五言诗就不能成体了。因为推理结果的矛盾:根据"三言二步"的分析,五言就是[(1+1)+(1+1)+(1_)],是三个音步的组合了(详论见第八、九两章)。显然,这就不是最小的诗行了。然而,三言成体既有实证(实事),又有理证(推论)。首先,汉朝出现三言诗体,证明它可以独立成体。既成体则三言必然是两个音步(理论允许"标准音步+残音步")。其次,汉末五言诗的产生又暗示出三个音节可以组成一个单位(一个超音步),因此五言诗的[2+3]才没有违背最佳诗行两个音步的条件,才能成为"构体诗行"的最佳选择。当然,我们还必须求诸历史的验证,看历史上是不是,以及什么时候三个音节独立成为一个音步。同时,三音节独立成步和五言诗成为诗体的次序不能颠倒:三音独立,必须早于五言成体。于是我们发现,五言诗最早、最可信的是乐府诗里面的《长歌行》,也即"青青园中葵,朝露待日晞"一类的诗。不仅如此,我们还发现,几乎就在同一个时期,大量的超音步的三音节词汇,如"丧家狗""马下卒""偃月钩""太阳气"等等(出自《论衡》),纷纷出笼。换言之,有了这样的三音词,也就有了《长歌行》那样的五言诗。为什么呢？理证和实证的检测结果告诉我们:因为三音词是一个韵律单位——在韵律学里它叫超音步;超音步是一个独立的音步,因此和另一个双音节音步一起,组成一个最小的诗行。由此可见,三言诗里的三言和五言诗里面的三言不一样:三言诗里面的三言是两个单位;五言诗里面的三言是一个单位。

　　显而易见,如果没有这样的"理证+实证",不仅无法凿实合理的分析,也无法引出许多连带的新现象、新问题,以及新的启示。一言以蔽之,有没有验证,是方法现代化与否的试金石和分水岭。

2.3 我这里所要介绍的第三种现代方法叫"交合生成法"。我们先看什么是"交合"。交合指英文的 interface,是说不同层面的不同因素之间的交互作用,及其相互作用下产生出来的不同结果。什么叫交合生成法呢?举例来说,诗、词、曲是三种文体;诗是怎么造出来的?最重要的构诗方法是节律整齐,韵律上叫齐整律(参见第二章)。词呢?词用的是长短律。曲则不仅用长短律,轻声、重叠等韵律变体都取自口语,所以比较随便。除了这些韵律形式的不同(这是韵律层面),还有哪些层面可以跟韵律互相作用的呢?那就是语体和韵律的交互作用:齐整的一般都是正式的,长短的一般可以是非正式的,到了任意长短、轻重悬差的时候,其语体特征就俗谐而雅不起来了。所以我们有正式与非正式、典雅与谐俗,以及它们与韵律之间的交互作用。通过这两个层面的交合,看彼此作用的结果,可谓现代文学研究法上的一个新角度。具言之,即从韵律与语体的交合搭配结果上,考察文学语言的艺术特征。

当然,语言的使用和构造还有构词和句法的问题,这就进入了语法层面。从这几个不同的平面的相互作用上,发掘不同文学体裁如何选用不同层面的不同成分和特征,无疑是一个非常新颖的角度,也是非常有趣的课题。譬如,诗的构成使用哪种韵律、哪些语法、哪些语体的典型特征?此外,哪些语法结构和运作可以满足或达到诗的语言的文学境界?"词"同样可以按照上面的那几个方面去观察和研究。毫无疑问,诗和词是不同的,但语言上究竟有哪些方面的不同?有多大程度的不同?比如,韵律上做哪些方面的调整,诗就立刻变成词?韵律上,"清明时节雨,纷纷路上行人,欲断魂"是词而非诗。词采取什么样的构造原则?语体上呢?语法上呢?在文学这个层面上,词的美感效应源自上面层面的哪个层面？当我们说"刚美""健美""柔美"时,到底是哪种语法手段产生的刚美效果,到底哪种韵调产生柔美效应？声音和韵律是有意义的。刘勰讲文章的"风骨"时说："辞之待骨,如体之树骸；情之含风,犹形之包气。"(《文心雕龙·风骨》)。其中的"辞"对"体","骨"对"骸"；"情"犹"形"而"风"如"气"。从句子的语法和语义上看,刘勰所谓的"骨"即"辞"；所谓的"风"即"气"。这里的千古之谜是"何为骨？何谓气"？我认为这里的"气"就是"韵律",是"辞"的韵律。这个"气"也是刘大櫆所谓"音节高则神气必高,音节下则神气必下,故音节为神气之迹"的"音节神气"。虽然海峰之意不在诠释刘勰"风",但他的说法则来源于千百年来"含风包气"的先贤古意。我们知道,古人没有韵律理论,而韵律本来就摸不着、看不见,所以中国古代的文论只能以"气"来比喻"韵律"。因此,我认为刘勰的"风、骨"实际就是"韵律(气)"和"语法(辞)"两个层面交合作用的一种比喻。① 其中所含的意蕴非常深奥,非借助韵律理论,不能彻底打开刘勰文论精蕴的八宝箱,后续研究由此而兴,可以断言矣！原因很简单,有了上面"交合派生"的理论和方法,我们就有希望把"风"和"骨"的语言属性落到实处(语言结构中的两个层面),看它是如何通过某一层面的单独运作,或几个层面的综合作用,派生出"风"、体现出"骨"来。

以前的文艺评论,凭借感觉和印象,非常精辟地捕捉到作品的

---

① 比较下面刘勰的原话,可以清楚地体味出"风"、"骨"之比即今之"韵律"与"辞语"的含意来："捶字坚而难移,结响凝而不滞,此风骨之力也。"(《文心雕龙·风骨》),这里"字"对"骨"；"响"对"风"。"字"是语言,"响"是声音,因此"风骨"就是"辞语及其声气"。用今天的话来说,就是语言和韵律。由此可见,韵律诗体学的新方法还可以帮助我们揭示古人文论中所函预的当代理论。刘勰的"风骨说"和今天的韵律诗体学,正可相互发明。

特点和作者风格,苍健也好,沉郁也好,靠悟性得之,靠悟性解之。这无疑是文艺审美的基础甚或必然。然而,在新的工具和方法的帮助启示下,我们可以开始考虑以往所谓的文学风格、属性,甚至文学体裁和种类,在多大程度上是通过语言不同层面的机制和功能的交互作用派生或配制出来的问题,很多文学现象可能都是不同层面中的不同成分的组配结果,这就是所谓的交互作用生成法的初衷所在。

以语体为例,我们希望通过相对独立的语体系统的相互作用来分析、理解和解释复杂的语言文学范畴和现象。譬如,很多文体就是语体机制的二元对立及其三向交叉的配置结果。哪三向呢?请看下图(详论见本书第四章):

(4)交互作用生成法中的语体配制图

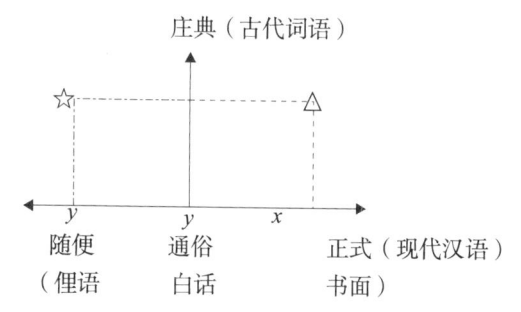

庄典(古代词语)

☆　　　　　△

y　　　y　　x

随便　通俗　正式(现代汉语)
(俚语)白话　书面)

如上图所示:纵向表示的是庄典和非庄典的对立,横向的零点往右表示的是正式度的加强,往左则是非正式度(或便谐度)的加强。越往上越庄重典雅,越往右越正式;越往左越随便。根据这个语体三向交叉示意图,如果给出小五星这个点,我们就可以根据语体的理论来推想这一点上(左上角上)会出现什么样的文体。与此相对的是,在最极端的右上角上(三角符号的点上)会出现什么样的文体?无疑,左上角的文体是非常随便的语体和极为庄典的文体的组配结果。现实中有这样的文体吗？在中国文学史上有没有按照这样的"配方"生成的文体呢？这似乎是一个非常奇怪的问题：极随便的文体里怎么能有庄典成分呢？显然，没有新的工具和方法，不会问这样奇怪的问题。提出问题的本身，正是我们能够从新的角度来关照对象的结果。这里我们在问一个文学史上从来没有或者很难想象的问题，但现在却是一个现实的、极为合理的问题。不仅如此，事实上，正是这个问题逼着我们发现了一个既熟悉而又崭新的事实：那就是《西厢记》里的那种极其典雅而又极其谐俗的文学作品：

"软玉温香抱满怀。呀，阮肇到天台。春至人间花弄色，将柳腰款摆，花心轻拆，露滴牡丹开。"

一个赤裸裸的性行为却表达得如此典雅而富有诗意。这正是把极端便俗的语体内容，用极其典雅的语体形式装点起来，从而创造出一种看似不可能而实则有之的文学绝作。毫无疑问，无论我们对上面文字怎样熟悉，没有理论的工具和现代的方法，我们也只能把它当作文字游戏和低级趣味的文人自娱；很难把它看作不同语言范畴的组配结果和机制的产物。事实上，现代方法的一个重要特征就是有目的地去寻找理论预测的结果。用本节的"交合生成"理论来说，就是有目的地去寻找那些在不同层面交互作用下的不同度的组配结果。

在这种理论体系的指导下，我们自然会预想右上角三角地带的文体是"极庄重典雅"又"极正式"的结果。和"谐俗＋庄典"的问题一样，现实中有"正式＋庄典"这样的作品存在吗？我认为，祭祀上帝和祖先时使用的文体，或许就是这类文体的表现。于是我们发现：毛泽东的《祭黄帝陵》正堪此比。毛泽东的白话文无疑是当代的典范，但他在《祭黄帝陵》文中却写道：

"赫赫始祖,吾华肇造。胄衍祀绵,岳峨河浩。"

这显然不是白话,也不是政府报告的正式语体,而是极庄重典雅的祭祀体,充分表现了庄典体的效果,让人肃穆,庄严而又虔敬(关于庄典体的分析,参见本书第四、第五两章)。

综上所述,无论是《西厢记》里的"春至人间",还是毛泽东的"岳峨河浩",其文学类别和艺术效应,都不是语言单独的一个层面所能解释的,因为它是语言不同层面交互作用的结果。如果我们用李渔的话来说,就更可看出交合的作用,亦即:韵律、语体(包括语法和词汇的使用)等不同因素之间的交相作用所达到的文学效应。李渔说:"诗之腔调宜古雅,曲之腔调宜近俗,词之腔调则在雅俗相合之间"。可以看出,他已经有"交合度"的概念。但他只告诉我们词在雅俗之间;雅的是诗,俗的是曲。那么如何调节,怎么组配,他没有说。多少度的雅,多少度的俗,也不知道。我们现在有了上面的三维模式、有了韵律的原则、有了词汇雅俗的分别、有了句法雅俗的类别,那么我们就有可能、有希望把李渔这样的猜测或感觉,落实到实处,计算多少度的是雅、多少度的是俗;多少度加多少度的雅和俗是介于两者之间的艺术作品;像测量书面正式语体的正式度和庄典度一样(参冯胜利,2009),都是可以逐步实现的研究目标。

由此可见,交互作用生成法也是我们研究文学、文类的一个大有开发余地、大有发展潜力的新方法。

总而言之,文学作品的研究可以从鉴赏的角度揭其美,也可以从思想的深度掘其深;还可以从语言的维度发现其所以如此的特殊机制,这就是本书的宗旨所在。当然,后者不但要以前者为基础,而且还要有必要的手段和工具。本书正是在这个方向的道路上走出的第一步。因此,它的目的不仅仅在于解决问题,更重要的是提出问题、提供方法和理论,使我们进而发现和提出更新的现象和更深的问题。

本章思考题:
1. 为什么文学要从语言的角度来研究?
2. 当代汉语历史语法的研究给文学史的研究带来什么影响?
3. 上古韵律的类型和汉魏以后的韵律类型有什么重要的变化? 它给汉语文学的发展带来什么样的影响?
4. 什么是"交合生成法"? 举例说明它的基本操作方法和技术要求。
5. 你对本章把《文心雕龙·风骨》的"风"解释为"韵律"的观点有什么看法,用具体例子说明之。

第二章 韵律诗体学的基本原理

了解了上面的新方法和新角度以后,我们现在可以讨论有关韵律诗体学的基本原理问题。什么是根植于语言上的诗歌构造的基本原理呢?我们认为它至少包括诗歌(或韵文)的齐整律、话语(或散文)的长短律以及诗歌构成的基本模式。本章在发掘和分析诗体原理的同时,提出悬差律的诙谐性,认为不仅汉语如此,其他语言也无所不是。最后我们还将看到:齐整律、长短律和悬差律都是韵律诗体学的基本规律,这些规律的揭示与发现,不仅可以帮助我们构建韵律诗体学、丰富文学理论的内容,同时还可以解决文学史上的一些历史悬案。

2.1 语言、文学的相亲与相仇

语言和文学本来是一对孪生兄弟,但是当代学术的发展把"相亲"变成了"相仇":近百年来,它们彼此相闻而不相往,几成惯例。然而,习惯的偏颇往往导致新的发现,语言和文学的关系也是这样。我们知道:文学本来离不开语言,然而文学的研究如果不管语言而只以社会、思想为对象的话,那么它就成了社会或思想的研究,其自身的意义就成了问题。同理,语言学也存在类似的偏颇。有人说当代的语言学很像一门技术性学科,越来越远离生活,远离艺术,远离文学。于是研究文学的人不研究"语言的文学",研究语言的人不研究"文学的语言",两个领域空出了大片荒地无人问津。当然,这种局面的出现是可以理解的,因为研究文学的人很少有语言学的专门训练①,而语言学家又很少有文学的专业经验②,结果双方都没有足够的条件去综合语言和文学的规律。这两种极端启发我们将彼此的领域结合起来,在综合性的研究中尝试发前人未发之覆、解历史待揭之秘;不仅如此,跨学科的研究还可以加深我们对语言和文学自身及其相互关系的认识。

本章从语言与文学的关系入手,探索韵律在文学中的作用——文学中的文体问题。我们之所以从文体入手不仅因为"文辞之体甚多而形式各异,非求之形式则彼此无以为辨"(《国故论衡疏证》)的缘故,更重要的是:文体与韵律直接相关。譬如,从诗体的划分来看,三言、四言、五言等诗的类别皆以韵律区别之。如果文学的体裁可按韵律来划分的话(骚赋词曲、骈散讴谣、无不皆然),那么文体无可争议地是韵律学研究的对象。

如第一章所示,汉语文体研究中有许多尚未解决的重大问题。五言诗出现的年代在中国文学史上就是一个千古悬案。长期以来众说纷纭,莫衷一是;但是有一点很清楚,先秦没有五言诗。赵翼在《陔余丛考》里说,一言、二言、三言、四言、五言、一直到七言都能从《诗经》里找到源头。显然,这不能说明七、五言诗的来源。然而,至今仍有人认为五言源于《诗经》或《楚辞》。这里的问题是看表面,还是看系统。譬如《尚书》里有"扑灭"的说法,早期汉语史的研究据此认为动补结构起源于《尚书》。现在我们知道:上古的"扑

---

① 譬如,某些知名的古代文学研究者竟不知入声非声调。(参考岑麒祥 1924"入声非声说"。)

② 譬如,有些汉语语言学家竟不知五言诗并非自古而有。

灭"不是动补,因为当时的句法系统和后来不一样。① 这是表面形式和内在结构的不同问题。同理,表面上看,先秦也有一言、二言、三言、四言、五言、六言以至七言的诗句,但是,它们和后来的三、五、七言诗体的韵律结构不一样。事实上英文也有三音节、四音节、五音节,以至于七音节的诗行,但是没有人拿它和汉语的诗行相类比。原因很简单:汉英内部的语法体系不一样。文体的问题也必须从语言的系统上看。或曰:五言从四言而来,因为彼此仅一字之差:"道阻且长",加一个字便成"道路阻且长"。真是那么简单吗? 如果两个系统不一样,表面上无论怎样相似,本质上都不是一个东西。四言变五言,绝非简单的增字问题,而是系统改变和内在规律的调节所致。②

诗体的划分以韵律为标准。如果汉语最早的诗歌是二言(如《弹歌》),那么它就要以二言的韵律结构为基础。但一般人认为早期是二言,因其原始。原始的少,发展而多,先变为四,再变为五,最后成七。这种进化的说法不是错,而是不能解决任何问题。因为如果是因为社会的发展、人类思维的成熟便使得诗行字数越来越多的话,那么,也应该出现八言、九言以至于十言的诗体,可是为什么没有呢? 不仅如此,进化的说法也无法解释下面的问题:

(1)(a)为什么四言发展起来后,二言就不存在了?

(b)为什么先有四言(《诗经》)而后有三言(《郊祀歌》)?

(c)为什么三言之后才有五言?

---

① 太田辰夫利用"压死"一类不能带宾语的事实(如《论衡》"百余人皆压死")证明了汉以前的"V-死"结构和后来发展出来的动补格式不一样。事实上,直到六朝以后"V-死"才像后来的动补结构那样,可以携带宾语。(参 Peyraube,1996)

② 有关韵律结构从远古(韵素音步)到中古(音节结构)的演变和论证,参第七章。

(d) 为什么五言产生后,三言反倒衰落了?

(e) 五言以后为什么没有六言?

(f) 六言用的最广的为什么是汉赋和骈文?

面对上述问题,人们似乎满足于王国维著名的《人间词话》:"四言敝而有楚辞,楚辞敝而有五言,五言敝而有七言,古诗敝而有律绝,律绝敝而有词。盖文体通行既久,染指遂多,自成习套。"王氏的说法反映了历史:一个时代有一个时代的文学。但是为什么那个时代有那种文学而不是别种文学、选择这种形式而不是别种形式,不得而知。事实上,王氏的说法可以溯之更早。王氏之前的顾炎武曾经说过:"诗文之所以代变,有不得不变者,一代之文,沿袭已久,不容人人皆道此语。"故"《三百篇》之不能不降而《楚辞》,《楚辞》之不能不降而汉魏,汉魏之不能不降而六朝,六朝之不能不降而唐者,势也。"(《日知录·卷二十二·诗体代降》)章太炎也有言曰:"数极而迁,虽才士弗能以为美。"(《国故论衡·辨诗》)。可见前人已有"一代有一代之文"的说法。问题是其"所以"及"如何"之故,均未之能详。为什么呢?因为我们没有从理论的角度去探索文学形式发展的可能性和必然性。用现代的韵律语法学的理论来探讨这些问题、从语言的韵律机制来解答这些问题,这是韵律诗体学的任务。上文说过,早在三十年代中期,魏建功先生就提出过这个问题。他说:"中国语言里的音乐特质形成文学上形态自然的变迁。一部文学史单从文字记载的表面上去说,抓不着痒处。"(魏建功,1934)就是说,如果搞文学的不研究文学的形式(形态),那就等于把文学史变成思想史、社会史或文化史。然而,为什么时隔半个多世纪仍然没有人关注这个问题呢?恐怕是没有理论作为工具的缘故。萨丕尔曾指出:"仔细研究一种语言的语音系统,特别是它的动力特点,你就可以知道它曾发展过什么样的诗。"(*Language* 1921:230)可见,语音系统是解密的工具。如第一章所示,我们现在有当代韵律学的工具,因此也就有了解密的可能。

在语言学理论的帮助下,我们首先面对一个原始问题:什么是韵律诗体学的基本规律?我以为,回答这个问题必须首先抓住"体"之所以为"体"的根本。具体说就是要先从诗"之所以为诗"的问题开始。在我看来,已往的研究虽深且广,但很少关注诗(体)之所以成为诗(体)的必具条件。譬如,平仄是否为诗之所必需者?如果四声是后来才发展出来的话[1],那么《诗经》时代平上去入尚未臻完备,但我们不能说《诗经》不是诗。同理,如果平仄是声调(平上去入)的分布的话,那么英文没有平仄,但我们不能说英文没有诗。因此平仄不是诗之所以为诗的必需。[2] 押韵呢?叶韵是否为诗之所必?首先,今天读古诗时,很多古韵因为语音的变化而失去了韵脚,但古诗并不因此而不是诗。此外,西洋诗不押韵是普遍的现象,因此押韵也不是成诗的必要条件。[3] 当然我们也不排除有哪一种语言把它作为一种成诗的手段,但它不是诗之所以成诗的必然要素。

---

[1] 此处本人从师说(章黄、陆王),认为古无去声(段玉裁)及上声(黄季刚),故四声为后起之事(相关论述可参 Pulleyblank 1962-3;潘悟云,2000;郑张尚芳,2003;及其所引文献)。

[2] 林庚(1984)也说:"平仄的出现实质上是一种修饰性的讲求,对于诗歌形式来说,这种讲求是附加的而不是决定性的。"

[3] 事实上,《诗经·周颂》"多不叶韵,"所以顾炎武说:"凡《周颂》之诗多若韵若不韵者,意古人之歌必自有音节而今不可考矣。"而朱熹则"疑自有和声相叶。《清庙》之瑟,朱弦而疏越,一倡而三叹,'叹'即'和声'也。"(引自江永《古韵标准诗韵举例》)可见,虽汉语也有诗而不韵者。按,朱子之"叹"可解为"节律顿叹"(参冯胜利,2009)。若尔,则远古诗行有凭节律而不押韵者也。

2.2 吟、唱之别

那么到底什么是诗之为诗的必然要素呢?① 我们可以从和诗对立的口语形式以及和它平行的歌曲来看。诗的对立形式是口语,因此它和口语绝不一样。诗不是说话,当然也不是唱歌。《吴宓诗话》说:"诗必具有音律(metre),而文则无之也。"(《诗学总论》第69页)"文"是口语的反映,不过它也是"念"的。注意:"说的""念的""吟的""唱的"是不一样的。诗是吟诵的,和唱也不一样。毫无疑问,诗可以配乐,《诗经》里的《雅》和《颂》很多都是庙堂音乐的歌词,《国风》里也有可以唱的②。歌词配上乐曲以后的"唱",和我们这里说的"吟诵"又有什么不同呢?我们可以自己试试,唱歌的时候,歌词里的字可以唱得很长——高低起伏,情尽声扬;但诗里面的字不能吟得过长,它只能拖腔。

古人说"在心为志,在言为诗。"可见诗成以"言";但诗句的字数若长短不一,跟说话一样,那也无法成诗,因为诗不是说的。如果诗既不是唱的也不是说的,那它到底是怎样的呢?韵律诗体学首先要回答这个问题。就一般而言,诗是吟的。什么叫"吟"?我们认为"吟"是介于"说"和"唱"之间的一种话语表达。正如王宁先生(1998)所说的:"吟声像是乐声,实则仍是语声。吟诵带来的形象像是音乐形象,实则仍是文学形象。吟诵重词不重乐……应当说,吟诵与乐声——特别是表演艺术的声乐,本质上不是一回事。"

---

① 这里只讨论诗之所以为诗的形式条件,有关诗意内容方面的要求,参见本书第三章。

② 《周礼·春官》瞽蒙所掌九德六诗之"歌"及汉乐府之"歌诗"皆是也。

第二章 韵律诗体学的基本原理

事实正是如此,请看:

(2) 天道如何,吞恨者多,抽琴命操,为芜城之歌。歌曰:"边风急兮城上寒,井径灭兮丘陇残。千龄兮万代,共尽兮何言!"(《芜城赋登广陵城作》)

上面的例子至少说明以下两点:第一,"歌曰"的时候使用"兮",意在把歌和前面的诗文区分开来。第二,这里所谓的赋显然不是说话,因为它们形式上全是对仗的(满足诗歌的齐整律,见下文),这类作品与诗歌读法差不多,是需要吟诵的(所谓'不歌而诵'者)。所以我们说:吟诵是介于"唱"和"说"之间的一种表达形式。

吟诵和歌唱的根本不同在于"唱"可以把一个音节谱成好几拍,而吟诵则不可。吟诵的节拍是以说话的节律为准则,在此基础上适当拖腔,略加夸张。拖腔和夸张的地方往往就是情感(或诗眼)之所在。吟诵的拖腔和夸张是有限制的:轻的地方可以稍短,重的地方不可过长;一般不能把单独的节律成分随意夸张。一旦把一个重音的节点随着感情的需要,自由地成倍地延长,再加上调谱,就变成了歌。《思念》里的歌词"你从哪里来"的'来'可以拖长到三至四拍(/565 4 - 1—6/),吟诗不能这样。① 据此,我们给诗歌吟诵下的定义是:

(3) 吟诵(chanting, intone)

吟诵是一种基于口说、并按诗的节律拖腔的诗歌诵读法。

注意:吟诵的拖腔可以有等级的不同,比较:

(4) 风萧萧兮易水寒,壮士一去兮不复还。(《史记·刺客列传》)

---

① 古人'咏'的方法可能比'吟'要近于歌。今人的诗歌诵读也有用"歌咏法"者,不是这里说的"吟诵"。大抵上说,吟近语声,咏近歌声(西方语言学家所谓"表演性节律 performance rhythm",参 Fabb & Halle, 2008)。

路曼曼其修远兮,吾将上下而求索。(《楚辞·离骚》)

朝辞白帝彩云间,千里江陵一日还。两岸猿声啼不住,轻舟已过万重山。(李白《早发白帝城》)

千山鸟飞绝,万径人踪灭,孤舟蓑笠翁,独钓寒江雪。(柳宗元《江雪》)

吟诵上面诗歌时,有的需"长歌当哭",拖腔的长度可以达到极限("风萧萧兮易水寒,壮士一去兮不复还");有的则庄严肃穆,沉重而有力("路曼曼其修远兮,吾将上下而求索");有的是自然轻快,喜悦之情跃然纸上("两岸猿声啼不住,轻舟已过万重山")。古代的屈原"行吟江畔",可见他的《离骚》也是吟诵的;《诗经》可诵于外交酒宴(孔子所谓不学诗无以对),想必也基于当时口语的语调。比较下面两例的不同:

(5)(a)岑夫子,丹丘生,将进酒,杯莫停!(李白《将进酒》)

(b)六王毕,四海一,蜀山兀,阿房出。(杜牧《阿房宫赋》)

上面的两例都是三言,但二者所表达的心境和语气迥然不同,其吟诵的重音和拖腔的程度也不一样:前者轻悦;后者沉郁。

上面的分析告诉我们:歌是可以谱下来唱的,而诗则基本上根据字词的声调和诗行的节律有限地、不走样地拖腔吟诵。一旦脱离字调和句律(亦即加上音谱),那么拖腔就变成了唱腔,一成了"唱",就没有什么"诗律"可言了。这是吟诵和唱歌的根本不同。

这里不能不提及的是汉语的诗歌发展和外来音乐的关系。有人说,汉语的诗歌所以如此这般,是历史上受到当时外来音乐的影响。上面的分析和这一观点有无冲突呢?如果我们把吟诵、说话和唱歌都区分开来的话,那么音乐能否影响诗歌呢?我们不能说外国音乐到了中国,大家都唱外国歌,中国话就变了。从来没有哪种语法是受了音乐的影响。吟诵是以口语的节律为基础,而不是以音乐的节拍为模式的。如果音乐不能直接影响口语,那么音乐至多只能间接地和诗歌发生关系。然而,至今我们也很难找到汉语的哪种诗歌节律是以外国音乐为基础进行操作的。当然,唐宋的很多曲牌源于胡人的歌曲[①],即便如此也无法证明其中歌词的吟诵节律是以胡语为根据的。按照外国曲调(或歌谱)唱的"歌词"和脱离该曲调后按照本国的语言规则吟诵的"歌词",是两回事,不可混为一谈。"歌"可以按照外国的曲子唱,"词"则必须根据本国的语言规则来诵读(太炎先生所谓:"名从主人,物从中国"《国故论衡·辨诗》)。说外国音乐影响中国的吟诵节律,就如同说梵文诵经的音调影响汉语的声调发展一样难以成立。[②] 事实上,汉语的三言、五言、七言绝不会在英文里出现,不管说英文的人怎样热爱中国的歌曲。原因很简单,"葡萄的蔓上长不出桃儿"——系统不一样。汉语的诗歌有三五七言等形式,那是因为它们有汉语这样的语言为土壤。更值得深思的是:唐五代胡乐进入中华而后有"词",但为什么西汉末年同样是大量的胡乐进入中华,却没有产生"词"呢?尽管外族音乐可能影响诗歌篇章的组织(长短句的章法或源于此)[③],但是很难说外族的音乐可以影响诗歌的语言组织(如诗行的节律,参第三章)。因此,汉有"杂言"唐有"词"的奥秘,还必须回到汉语自身语言的发展上来考察。总之,没有脱离语言的诗,尽管有为诗服务的音乐。

[①] 其实,外来音乐歌词不始于唐末。太炎先生曰:"四夷之乐用于朝会祭祀燕飨,自《周官》靺师、鞮鞻氏见其端。"《国故论衡·辨诗》

[②] 前辈学者在这方面有过教训:"说'佛教输入中国,其教徒转读经典时,此三声[平上去]之分别亦当随之输入',简直太荒谬了。"(见俞敏"后汉三国梵汉对音谱",载于《俞敏语言学论文集》43页)

[③] 参赵敏俐"音乐对先秦两汉诗歌形式的影响"(载于《周汉诗歌综论》)及施议对的《词与音乐关系研究》。

2.3 齐整律

根据上面的分析,我们大致上可以了解诗与歌乐的关系。什么是诗?把口语的节律提炼出来,再把它整齐有序地排列在一起,这是构成诗歌基本形式的第一法则。因其节律明显,语句整齐,所以给人一种音乐的旋律感。当然,给人以乐感的渠道多种多样,但最重要的是"旋律"。音乐离不开旋律,旋律的本质是重复,重复的倍数和大小,因情因景而不同。诗律是从人们说话语流中提炼出来的一种节律形式。不同的语言,其组织节律的方法不同,因此不同的语言有不同的诗。英语是以重音计时为单位的节奏类型(stress timing),重音根据时间的长度而构成节律单位,因此在两个重音之间,音节的数量没有固定的要求。英文的口语如此,英文的诗歌也如此,它靠一定时间内的重音的重复构成旋律,而不像汉语那样以音节为单位,靠相同数量的音节重复构成旋律。

如果是这样的话,那么我们就得到诗歌构造的第一条原则:齐整律。亦即:

(6)**齐整律**(诗歌第一要律)

提炼口语的节律而形成的齐整有序的话语形式。[①]

诗之所以为诗的因素有很多,但其形式的本质即节律上的齐整律,而齐整律的音乐原理是旋律。汉语诗歌的齐整律非常明显。譬如:

(7)二言诗:断竹,续竹;飞土,逐肉。(《先秦汉魏晋南北朝诗·弹歌》)

[①] 这里的定义和 Halle & Keyser(1999:133)的说法是一致的:"节律韵文所启用的语言机制和口语相涉的语言机制是完全一样的 the computations employed for metrical verse are identical with some that are involved in speaking"。

三言诗:狡兔死,良狗烹;高鸟尽,良弓藏;敌国破,谋臣亡。(《史记·淮阴侯列传》)

四言诗:关关雎鸠,在河之洲;窈窕淑女,君子好逑。(《诗经·周南·关雎》)

五言诗:少壮不努力,老大徒伤悲。(《先秦汉魏晋南北朝诗·长歌行》)

六言诗:柳叶鸣蜩绿暗,荷花落日红酣;三十六陂春水,白头相见江南。(王安石《题西太一宫壁》)

七言诗:清明时节雨纷纷,路上行人欲断魂。借问酒家何处有,牧童遥指杏花村。(杜牧《清明》)

八言诗:祥瑞不在凤凰麒麟,太平须得边将忠臣。但得百僚师长肝胆,不用三军罗绮金银。(卢群,引自《日知录·卷二十一》)

九言诗:昨夜西风吹折中林梢,渡口小艇滚入沙滩坳。野树古梅独卧寒屋角,疏影横斜暗上书窗敲。半枯半活几个撅蓓蕾,欲开未开数点含香苞。纵使画工奇妙也缩手,我爱清香故把新诗嘲。(明本《九字梅花》)

毫无疑问,不只汉语,其他语言也一样:凡诗一般都受齐整律的制约。[①] 譬如:

(8)(a)　ws|wws|wws|w　　There was /a young la/dy of Ni/ger

(b)　ws|wws|wws|w　　Who smiled/ as she rode /on a ti/ger

[①] 自由诗的齐整律在于它"空拍行"的重复。尽管如此,正如林庚先生所说:"自由诗在今日纵是如何的重要,韵律的诗也必有须要有起来的一天。"(《问路集》第169-70页),他还说:"我每读到唐人的好诗,就常常觉得自由诗里好像还缺点什么,而我的诗也就愈写愈整齐。"(同上,第222页)毋庸置疑,这正是诗歌"齐整律"威力所在。

(c) wws|wws| they returned / from the ride
(d) wws|wws| with the la/dy inside
(e) wws|wws|wws|w (And)the smile/on the face/of the ti/ger.

齐整律是诗歌所以为诗歌的首要原则：诗之不齐不为诗，因此这里的原则可以概括所有的诗。"齐整律"说到底就是排列有序，而有序的本质是重复；重复的动力是旋律。因此齐整律反映的是诗之所以为诗的音乐属性，有了齐整就有了诗感。就齐整而言，凡诗皆然。当然，语言不同则其实现齐整的方法亦各有不同。声母、韵母、音节、诗行、诗联、诗节以至于诗段，都可以通过重复来满足诗歌音乐旋律的要求。但哪个单位是重复的对象，则因语言的不同特点而不同。不同民族的耳朵对声音的感受也不一样，中国人分辨不清[s]和[θ]，但说英文的人对此极其敏感。换言之，乐感往往源于该语言音系提供的"音感"。因此，能否满足说该语言的人的耳朵所要求的旋律感，是决定其齐整律手段所以不同的关键所在。如上所述，英文用时间重音的重复来实现旋律的乐感，而汉语则必须通过相等的音节和押韵来完成重复，从而满足汉人耳朵的旋律美。汉语诗歌之所以必须押韵，或许和我们节奏轻重不甚凸显有关系。当然，平仄出现以后（魏晋六朝）尽管有了声调上的高低之差，但是诗歌仍没有放弃押韵，这也应当看作汉语对旋律独特的要求所致。

齐整律（回旋律）并不限于每一行都有相同数量的音节。齐整律实现的方式可以是行间的呼应、也可以是联间的回旋，还可以是段间的反复。因此，齐整律与平衡律不同。然而，由于汉语的特点，汉语诗律可以从最小的单位，一级一级地重复，一直排列到最大的单位。亦即：

(9) 汉语诗律基本原则(诗歌构造法)①

【｜[(σ×2)×2]×2｜×2】

这里"()"代表音步,"[]"代表诗行,"｜｜"代表诗联,"【】"表示绝句。具体而言:两个音节组成一个音步;两个音步组成一个诗行;两个诗行组成一个诗联;两组诗联组成一首绝句,两个绝句组成一首律诗。② 就是说,汉语的诗歌以最基本、最小的单位为最佳形式——她把最小的当作最基本的、把最基本的当作最佳的,亦即:

(10) 最小的音步＝两个音节(two syllables)

最小的诗行＝两个音步(two feet)

最小的诗段＝两个诗行(two lines or a couplet)

最小的诗节＝两个诗联(a stanza, quatrain or 绝句)

反过来说,汉语的标准诗法是:单音不成步、单步不成行、单行不成诗。这并不是说其他的形式不存在,只是说其他的形式不像标准形式那样独受青睐而已。

2.4 长短律

诗歌的大则是齐整律,那么和诗歌对立的口语韵律是什么样

---

① 这里的[σ×2]指最小、最标准的音步。注意:以音步为单位的诗行并不排除超音步(三音节)和复合音步(四音节)的使用;当然,不同类型的音步如何组织、如何搭配,需视韵律规则及其交互作用而定(参冯胜利,2008;Feng 2009)。

② 启功先生说:"绝句的'绝'字是数量概念,四句是一般诗篇起码句数……八句律诗的声律,实是两个四句律调重叠组成的。"(《汉语现象论丛》172页)。按,从庾信的《重别周尚书》、隋无名氏的送别诗(杨柳青青着地垂)以及谢朓的《有所思》等诗来看,"绝句是早在律诗之前就出现了的"(林庚,1984:260)。

的呢？与齐整律相反,口说的语言长短不一,参差不齐,我们称之为"长短律"。顾名思义,它是一种有长有短,大小不一的韵律形式,其定义为:

(11) **长短律**(口语节律的基本特征)

根据口语中的自然节律而形成的话语形式。

散文是长短律出没的典型场所。譬如:

(12) 曾点曰:"春服既成,冠者五六人,童子六七人,浴乎沂,风乎舞雩,咏而归。"

(《论语·先进》)

这段话一共有六个语句,句子音节的长度参差不齐,即:4,5,5,3,4,3。这是典型的口语韵律。在古代文学史上,为了反对六朝以来的骈俪之风,韩愈把长短律的效能几乎推到极点:

(13) 今夫

平居里巷相慕悦,酒食游戏相征逐,栩栩强笑语以相取下。

握手出肺肝相示,指天日涕泣,誓生死不相背负。

真若可信。

一旦临小利害,仅如毛发比;反眼若不相识。

落陷阱,不一引手救,反挤之,又下石

焉……………………………………者,

皆是也。

《柳子厚墓志铭》

在短短"今夫……者"三字语套之间,竟嵌入整整十二个句子;不可不谓穷长短律之极。前面看到,齐整律实现的方法多种多样,长短律也不例外。实现长短律的韵律特征,简而言之,有如下数端。

第二章 韵律诗体学的基本原理

(14) 长短律的韵律特征

(a) 字数不等①

(b) 轻重不一②

(c) 缓急有差③

(d) 虚实相间④

(e) 骈散交替⑤

(f) 没有格律⑥。

齐整律和长短律的区别从下面的比较中,更可见其不同的功能和旨趣。

(15) 清明时节雨纷纷,路上行人欲断魂。

　　借问酒家何处有,牧童遥指杏花村。　　——齐整律

(16) 清明时节雨,纷纷路上行人,欲断魂。

　　借问酒家何处,有牧童,遥指杏花村。　　——长短律

杜牧的《清明》本是齐整律的七言诗,改作长短律后,便成了词。现

---

① 按,所谓"文起八代之衰"实即极尽"长短律"的文体之功。

② 按,"轻重不一"既见于词汇平面(古代的如"仆"和"不谷",今天的像"您圣明"和"天子圣明"中"圣明"的不同);亦可见于熟语层面(如商周的"唯黍年受"(《甲骨文合集·9988》)及春秋以后"唯余马首是瞻"(《左传》)类焦点轻重式);更见于在句子层面(譬如:"(帝~)(高阳之苗裔)[兮♯](朕~)(皇考曰伯庸)")。

③ 按,欧阳修曾写"仕宦至将相,富贵归故乡",后改作"仕宦而至将相,富贵而归故乡。"前者"韵短而节促,其病近于窒",后者加一"而"字,则节缓而气通。何以然尔?以今观之,后者舒缓在于破"五言律句"("(仕宦)(至将相)")为"长短文句"("(仕宦)(而至)(将相)")。此长短律之功也。

④ 按,实字音足,虚词轻短。散语虚词功在顺气(悲哉!此秋声也,胡为乎来哉?《秋声赋》)、诗歌虚词则用为填衬(置之河之干兮,河水清且涟漪。《伐檀》)。前人说:"实字求义理,虚字审精神。"精辟之极! 然而,以今观之,虚字的精神正是由长短律的筋脉所畅。

⑤ 按,语体散文不避齐整,诗歌词赋也不免长短,此汉语内在规则使然,本不关文体也(参冯胜利,2000)。因此,虽然诗主齐整而不妨散体用骈,而骈散有度亦即长短参差之律也。

⑥ 注意:没有格律不等于没有节律。

在我们知道,所谓词,其实就是话语长短律的有序重复,所以才既有口语的味道,又有诗的情调。根据上面韵律特征的分析,"词"和"曲"均属于长短律的范畴。譬如:

(17)词(岳飞《小重山》)

　　　　昨夜寒蛩不住鸣,惊回千里梦,已三更。起来独自绕阶行。人悄悄,帘外月胧明。白首为功名。旧山松竹老,阻归程。欲将心事付瑶琴。知音少,弦断有谁听?

这里所有句子的音节数量几乎都不一样,自然属于长短律。《曲》更是如此,譬如:

(18)曲(卢挚《双调·沉醉东风·秋景》)

　　　　挂绝壁松枯倒倚,落残霞孤鹜齐飞。
　　　　四围不尽山,一望无穷水,散西风满天秋意。
　　　　夜静云帆月影低,载我在潇湘画里。

第五句"散西风♯满天/秋意"使用了骈散结合的方法,打破开篇"七言联"加"五言联"的格局;而最后一句"载我在潇湘画里"则使用口语句式"在…里",再度打破前面的骈俪格式,使全曲长短不一,骈散有度。事实上,长短律也有方式与效果方面的不同等级:就整体而言,《曲》比《词》还要口语,因为它使用了更多的日常白话(如上面的介宾结构),所以李渔说"诗之腔调宜古雅,曲之腔调宜近俗。词之腔调则在雅俗相合之间。"(李渔《窥词管见》)这里所要强调的是:有了齐整律和长短律,我们就有了韵律诗体学上二元辩证的分析工具。譬如:

(19)为他人/做嫁衣裳

　　　为他/　人做　/嫁衣裳

后一种读法是齐整律的结果(按照诗律的格式),但读起来别扭,因为作者是按照长短律造的句子。长短律是口语的格式,用它作诗,自然佶屈聱牙。然而,就在这"拗涩"之中见出作者标新立异及追求"格外效果"的意图。由此可见"诗"与"语"的体式有巨大的不同。中国古文学史上著名的"骈散之争",实即文学语言的标准究竟主骈还是尚散的悬案。在我们看来,这无非是齐整律和长短律的不同功用而已。骈文是格律化的文,走到极端是律文(regular prose)。最格式化的"文"就是八股文。① 而词则是口语化的诗,再往下走就是曲。用上面的理论来分析,骈文是齐整律的文;词曲是长短律的诗。他们既有相同之处,又有本质的不同。注意:词曲虽取长短句式,但不是真正的长短律,因为它们的句子不能像日常说话那样可以**随意长短**。不能随意长短,就是有限制;既有限制,便也成了一种"齐"。因此词和曲同样也是齐整律的结果。如果本来长短的"文"也齐整起来、本来齐整的"诗"也长短起来,那么如何将"齐整律的文"和"长短律的诗"区分开来呢?在我们的辩证系统里,它们可以赋有如下不同的韵律语体特征:

(20)"齐整"和"长短"两极特征分析举例

		词	骈文
齐整律	行间	−	−
	联间	−	＋
	段间	＋	＋
	篇间	＋	−
长短律	字数	＋	＋
	虚词	＋	−
	句型	＋	−

---

① 按,骈文之美,在其整齐的四六句。刘麟生说:"四六之句,读之使人生抑扬顿挫飘逸清倩之感"(《骈文学》载《骈文概论》第25页)。然而,用之不善,则失之平板(同上),于是"救济之道,在乎句法参差,兼有散行之气"(同上)。显然,这是"齐整律"和"长短律"的交互作用,亦即《六朝丽旨》所谓"疏逸之道,在寓散于骈"的道理所在。

"词"是"段落之间(段间)"的齐整。其语句的字数、虚词的使用以及句型的选择都以长短律为根据;而骈文则是联与段的齐整,只有语句的字数按长短律行事。显然,齐整律和长短律可以作为韵律诗体学分析中的两个基本单位。如果说"一种科学的诗学创作要求人们在一开始就承认存在有一种诗歌语言和散文语言,它们的规则彼此不同"的话[1],那么齐整律和长短律恰是这两种语言的节律规则;如果说"节律是介于有规律的韵律和奇特的句法结构间的一种充满生机的特别形式,它把诗篇的所有其他要素组织在了一起"[2]的话,那么齐整律和长短律正是让"奇特语法"和"诗篇其他要素"充满生机的组织者。因此,我们认为,一切文学作品都能够通过这两个韵律特征得到最基本的分析,并由此得出它们所以如此的音律效应。

2.5 悬差律

除了上面两条基本规律外,我们还给韵律诗体学概括出一条"悬差律"。悬差律是从音义关系的角度来表现文学效应的规律,它揭示的是韵律结构(或声音)自身的表意属性。[3] 当然,这种说

---

[1] 引文见《诗学》第90页。
[2] 同上。
[3] Paul Fussell 说:"Ezra Pound 早在1915年就坚持'节奏一定有意义'的信念。他是正确的。诗歌的实验研究将让我们确信:节拍是诗歌意义最原始的物质和感情的单位'Rhythm must have meaning,'Ezra Pound insisted in 1915. And he is right. The empirical study of poetry will convince us that meter is a prime physical and emotional constituent of poetic meaning"。(Paul Fussell, *Poetic Meter and Poetic Form*, Random House, 1979:3)

法首先是对语言学传统观点的一种挑战。索绪尔以来,语言学家都认为声音本身是没有意义的,声音和意义的结合是任意的、偶然的。这没有错,不然我们无法解释为什么英国的狗叫"dog"而古代中国的狗叫"*kʷen(犬)"。然而,是不是所有的声音都没有意义呢? 是不是意义除了概念以外就没有别的内容了呢? 显然不是。譬如说话时的"语调"和"口气"就包含着丰富的内容(感情、态度等)。说"好"的时候用拖腔还是用顿语、用高声还是用低调,用粗气还是用细语,用缓慢的口吻还是用急促语气,其效果和意义是不一样的。就是说,人们可以用控制声带和气流大小的办法来表达不同的"情态意义",最典型例子是口语"噼里啪啦"和成语"守株待兔"之间轻重格式(亦即:3124 与 1324)的显著不同。用"噼里啪啦"的重音格式来读国家的名称"尼加拉瓜",必然显得"随便调侃"而有失身份。为什么呢? 这不仅是因为韵律本身包含着意义,更具体地说是悬差律的作用。什么是悬差律? 其定义如下:

(21) **悬差律**[①]

　　如果轻重的比差过于悬殊,其音律结构则赋有诙谐的含意。

我们发现,悬差的节律具有诙谐的含意和效应,它在汉语里十分活跃,只是人们还没有充分注意到它的存在和功能。比较:

(22) 泡蘑菇:消极怠工

　　撒丫子:闻风而逃

　　戴高帽:阿谀奉承

　　稀里糊涂:心不在焉

[①] 松浦友久在《节奏的美学》里把含有滑稽、谐谑感的节律归为"节奏的不稳定性"(89页)。然而,悬差不一定不稳(参例 27),但悬差产生诙谐。所以"不稳定"恐非诙谐的本质特征。

吊儿郎当:漫不经心

虽然"泡蘑菇"和"消极怠工"的含义一样,但是,凡是语言敏感的人都能体会到:二者所表达的语体风格迥然不同:前者是口语形式,带有诙谐的味道;后者是正式的说法,含有严肃的语调。从韵律上分析,前者是1+2,轻重悬殊;后者是2+2,左右平衡。平衡的显庄重,悬差的寓诙谐。这就是悬差律所暗示的功能所在。再比较:

(23)清明时节雨纷纷,路上行人欲断魂。

借问酒家何处有,牧童遥指杏花村。

(24)清明节,雨纷纷,路上人,欲断魂。

问酒家,何处有,牧童指,杏花村。

不言而喻,把原来七言的《清明》改写成三言以后,内容虽然没变,但是节律却让人肃穆不起来了。正因如此,汉语的三言更多用在下面的语境里[①]:

(25)小胖子,坐门墩,哭着喊着,要媳妇儿。

狼来了,虎来了,和尚背着个(zhege 轻读,是间拍成分,不占节律位置)鼓来了。

哪儿藏,庙里藏,一藏藏出个(chuge 轻读,是间拍成分,不占节律位置)小二郎。

打竹板,迈大步,眼前来到了(daole 轻读,是间拍成分,不占节律位置)棺材铺。

上面节律中的那种游戏、调侃和诙谐的味道,我们认为正是从轻重组配的"悬差"而来(包括间拍词的'插趣'作用)。我们相信,悬差律的表意功能将会不断引起人们的重视、得到充分的研究。

---

① 这并不意味着所有的三言格式都具有雷同的文学效果(三言其他的文学效能,参冯胜利,2008)。

有意思的是,悬差律不仅在汉语中表现得非常突出,在其他语言里,它同样无所不在。譬如英文的五行打油诗(Limerick):

(26)(a) ws|wws|wws|w　　There was/a young la/dy of Ni/ger

　　(b) ws|wws|wws|w　　Who smiled/as she rode/on a ti/ger

　　(c) 　　wws|wws|　　they returned/from the ride

　　(d) 　　wws|wws|　　with the la/dy inside

　　(e) wws|wws|wws|w　　(And)the smile/on the face/of the ti/ger.

这种/wws/型二轻一重的节律含有明显的诙谐意味儿,正如Laurence Perrine(1963)所说:"那些轻快诱人的节奏及其强调性韵脚,使得它只用于幽默和逗笑的场合……而不适用于表达严肃的内容。"①

悬差律的发现不仅帮助我们了解韵律和文体的关系,同时还可以帮助我们解释文学史上一些悬而未决的疑案。譬如"为什么三言不成诗?""为什么六言也不成诗?"根据悬差律,我们可以说,三言不成诗因为它节律上1∶2的轻重对比悬差太大。如果悬差律本身带有诙谐的特征,那么三言不是不能成诗,只是出来的产品欠庄雅。事实上,三言的诗歌很像顺口溜,所以不适于特别庄严肃穆的场合。当然《三字经》是三言,但是它是寓乐于教的教材,属于趣味教育而不是庄雅的文献。六言所以不成诗的道理也因此而涣

---

① 原文是:"The limerick form is used exclusively for humorous and nonsense verse, for which, with its swift catchy meter, its short lines and emphatic rimes, it is particularly suitable.... The limerick form is apparently inappropriate for the serious treatment of serious material."——(Laurence Perrine, 1963).

然冰释：因为六言要么是 2+2+2，违背汉语诗歌构造法（参下章）；要么是 3+3，类属悬差律组合，所以便于表达生动、诙谐的情趣而不宜庄重。

综上所述，齐整律、长短律、悬差律以及汉语诗歌的构造法（详见下章），都是韵律诗体学元理论中的基本规律。这些规律的整合与发现，不仅为我们奠定了韵律诗体学的理论基础，丰富了我们对韵律诗体的认识，而且直接帮助我们解答了历史上的一些悬案。如果说"语言里的音乐特质，形成文学上形态自然的变迁"，而且"（语言）活力之寄托又是声音特质的运用"，那么韵律诗体学的建立正是魏建功所谓从语言的音乐特质（亦即韵律）来研究文学形态的变迁（文体演变的规律）。我们研究文体就是要"知道它（汉语）曾发展过什么样的诗"，而韵律诗体学就是要通过萨丕尔所谓"仔细研究一种语言的语音（韵律）系统，特别是它的动力特点"，来了解汉语的诗文历史。本书讨论的韵律诗体学是以当代韵律构词学和韵律句法学的理论为基础，来探索中国文学史上文体形成与发展的内在机制，努力为文学史的研究提供一种语言学的方法与工具，如下面几章所示。

本章思考题：
1. 吟诵和唱歌的区别是什么？
2. 举例说明押韵和平仄在创造诗歌美感上的语言学手段及效应的不同；同时说明二者在作为"诗歌构造的必然条件"上的不同。
3. 举例说明"单音不成步、单步不成行、单行不成诗"的诗体构造规则。
4. 什么是齐整律、长短律和悬差律？它们的韵律属性是什么？
5. 请举例说明齐整律、长短律和悬差律的文学功能。

第三章　汉语诗歌的构造原理

在前面两章的基础上,我们现在讨论汉语诗歌的构造及其韵律机制。为了有效地回答诗歌构造的问题,让我们从最古老的诗集《诗经》和历史上最伟大的诗篇《离骚》谈起。

首先,我们需知《离骚》的韵律和《诗经》韵律是两个不同的体系。《离骚》,如下面第七章所示,是一个独立的韵律体系。《诗经》我们都知道,它以四言为主;就是说,一个诗行有两个音步,称作"二步律"。当《诗经》时代的二步律普遍定型固化以后,基于自然语句的"顿叹律"在《离骚》体中开始并得到了充分的发展。这是上古四言诗通向五、七言发展的第一步:"骚体顿叹律"的出现。

然而,从战国到秦汉,骚体这种自由灵活的顿叹律逐渐被字数固定的韵律模式所取代:先三言,再五言,最后是七言。迄今为止,学界尚未对汉朝以后的诗歌为什么"偏好奇数"的奥秘做出合理的解释。当然,为什么迄今仍无谛解的原因有很多,但以往对汉语诗歌构造的"韵律原理"的了解不够,不能不说是一个重要的原因。本章即从韵律诗体学的理论出发,尝试解开汉语诗歌构造这一历史之谜。我们认为:古代诗体的构成与发展是由当时语言韵律机制所决定的。这可以从《诗经》和《离骚》的不同看出来。

3.1 《诗经》和《离骚》的不同

《诗经》和《离骚》都是诗歌,因此都是诗律节奏的产物。然而,正如本节所要提出的,《诗经》和《离骚》分属两种不同的诗律结构。《诗经》由二步律组成,而《离骚》则由顿叹律构成。《诗经》的韵律结构可表述如下:

(1)(《诗经·周南·关雎》)关关/雎鸠,

在河/之洲。

窈窕/淑女,

君子/好逑。

(《诗经·王风·黍离》)彼黍/离离,

彼稷/之苗。

行迈/靡靡,

中心/摇摇。

知我者/谓我/心忧,

不知/我者/谓我/何求。

尽管《诗经》中的诗行分别有5、6、7、8甚至9个音节的不同长度,但绝大多数的诗行的基本节奏均由四音二拍所组成,因此《诗经》的节律结构主要是二步律。迄于战国,《离骚》打破了《诗经》二步律传统,我们称之为"顿叹律"。下面事实足以为证(X代表音节):

(2) X 兮 魂兮归来!(《楚辞·招魂》)

XX 兮 王孙兮归来!(《文选·招隐士》)

XXX 兮 君不行兮夷犹,寒谁留兮中州?(《楚辞·九歌·湘君》)

第三章　汉语诗歌的构造原理

XXXX 兮	滔滔孟夏兮,草木莽莽。(《楚辞·九章·怀沙》)
XXXXX 兮	鸷鸟之不群兮,自前世而固然。(《楚辞·离骚》)
XXXXXX 兮	帝高阳之苗裔兮,朕皇考曰伯庸。(《楚辞·离骚》)
XXXXXXX 兮	纷吾既有此内美兮,又重之以修能。(《楚辞·离骚》)
XXXXXXXX 兮	灵氛既告余以吉占兮,历吉日乎吾将行。(《楚辞·离骚》)
XXXXXXXXX 兮	苟余情其信姱以练要兮,长顑颔亦何伤?(《楚辞·离骚》)

由上可见,就韵律和句法位置而言,"兮"字可以置于任何不同音节数量的两个句法成分(如 NP＝名词短语、PP＝介宾短语、VP＝动词短语、AP＝形容词短语等等)之间;这说明"兮"是一个感叹、停顿性的短语节律标记。《文心雕龙·章句》说:"寻'兮'字承句,乃语助余声",这正是它在楚辞中用为"顿叹律"功能。

《诗经》中的二步律可以看作那个时期(公元前 722—公元前 481,春秋时期以前)诗歌节律结构的普通模式。作为诗歌节律的范式,二步诗主要用于正式的或官方外交的场合;同时也可用来表明人们日常生活中的社会地位和教育水平。《论语·子路》云:"诵《诗》三百,授之以政,不达;使于四方,不能专对;虽多,亦奚以为?"《礼记·经解》篇也说:"其为人也:温柔敦厚,《诗》教也。"这都说明《诗》在古代的社会作用。

正是《诗经》的这种巨大的社会功能才使二步律一方面越来越趋于标准化和范式化,另一方面也在不断的社会化和政治化的作用下,日趋固化以至最终陷入僵化。这时候的《离骚》则一反常态,它以自己"顿叹式"的节律打破了诗经二步律的僵化局面,给当时的诗坛带来一种清新的空气。它代表的是一种完全不同于诗经二步律韵律模式:停顿自由、接近民歌;便于口语表达、适于个性的发挥。如果说《诗经》是中国诗歌史上最早、最完整的、最系统的"齐整律"的代表的话,那么楚辞则是中国诗歌史上尝试使用"长短律"(参第二章)的最早形式——以"兮"字为标记的长短律(《离骚》的韵律创造性,参第七章)。

如果说战国以后《离骚》开辟了相对自由的"长短律"韵律格式的话,那么照此推演,秦代(公元前221—公元前206)以后的诗歌将按照这一方向发展出不同于《诗经》的韵律结构。无疑,这是根据"离骚趋势"所做的一个合理的推断,也即第一章提出的对文学作品做"语言分析"的具体操作和预测。就是说,如果秦汉的诗歌沿着顿叹式长短律发展的话,那么不仅三言,就是五言、六言、七言、八言以至于九言的诗歌形式,也将因之而生。事实上,这一推测可以部分地得到证实。我们知道:西汉的诗歌确由"杂言"组成,如相传为西汉的《乐府诗集·鼓吹曲辞》中《铙歌十八曲》的第六首,《战城南》就是一首杂言诗:

战城南,死郭北,
野死不葬乌可食。
为我谓乌:
"且为客豪
野死谅不葬,
腐肉安能去子逃?"
水深激激,蒲苇冥冥:
枭骑战斗死,驽马裴回鸣。

"筑室何以南何北,

禾黍不获君何食?

愿为忠臣安可得?"

"思子良臣,

良臣诚可思,

朝行出攻,莫不夜归。"

由上可见,《离骚》而后有"杂言"的事实和我们上面的"长短"不齐的节律发展的预断,合若符契。

然而,杂言诗行的预测并不完全准确,因为汉代诗歌后来的发展并非"顿叹"式长短律的模式所能全部预测。如下文所示,汉以后的诗歌有了音节数量的不同限制,非如顿叹律那样自由。约而言之,即:

(3)(a) 三言诗西汉以后日见其多,它们源于民歌而用于郊祀。前者如"颍水清,灌氏宁,颍水浊,灌氏族。"(《史记·魏其武安侯列传》)后者如"天马徕,从西极,涉流沙,九夷服。天马徕,出泉水,虎脊两,化若鬼。天马徕,历无草,径千里,循东道⋯⋯。"(《汉书·礼乐志·郊祀乐》)

(b) 四言诗仍很活跃,尽管不像秦代之前那样占据统治的地位。

(c) 五言诗直到东汉才出现,到六朝时期已然非常流行,出现了钟嵘《诗品序》所谓"五言居文辞之要,是众作之有滋味者也"的情况。

(d) 六言诗在古典文学中从来没有昌盛过。西汉时六音节诗行在赋及后来的骈文中大量使用。魏晋时期,"六言诗"在孔融、曹丕、曹植等人的手下得到发展,宋代也有诗人好作六言。然而,六言诗在中国诗歌发展史上从来没有获得过诗歌的地位①。

(e)七言诗和五言诗几乎同时在汉代产生,然而,正如褚斌杰(1990:125)所指出的,五言诗的成熟早于七言,尽管二者差不多在同一时期产生。汉魏时期,五言诗已经"居文辞之要",而七言诗直到唐代才开始盛行。

上述事实向我们提出了挑战。首先,什么是决定后来诗歌形式发展的根本原因(这里指的是"有之不必然,无之必不然"的决定因素)?其次,为什么五言和七言几乎都散见于西汉同一时期,但这两种形式的发展与成熟却相隔数百年之久?

最后,尽管三音节韵律发展得相当早(西汉时期),为什么它却没有发展为一种独立的诗体?有人认为这是因为三言诗"语句短促,容量太小,音节单调"的原因。(褚斌杰,1990:229)然而,三言诗可由1+2和2+1两种音节结构构成,因此比2+2这种组合形式更有灵活性,例如(取自鲍照《鲍参军集·代春日行》):

入莲池	折桂枝	芳袖动	芬叶披
V+O	V+O	S+P	S+P
1+2	1+2	2+1	2+1

三言的句法结构不仅不亚于四言,而且其韵律形式比四言更为灵活多变。既然如此,为什么三言没有像四言那样成为庄典的流行诗体呢?

所有上述问题都向语言和文学的研究者提出了历史性的挑战。

---

① 我们认为,六言诗之不盛行,同样是汉语韵律的原因,参第一章第18页注②。

3.2 诗律理论的新解释

在尝试解释上列诸多疑案之前,先让我们探讨诗律学中的一些基本原理。首先,什么是诗?诗该怎样定义?这里我以 Sperber 和 Wilson(1995)的理论为起点,首先把诗定义为古人称作"诗家语"的产物。什么是诗家语或"诗语"?诗语具有不同于口语的表达效应,"诗语效应"这一概念可以定义为:

(4)**诗语效应**(参 Sperber & Wilson,1995:222)

诗语效应(诗家语)是一种特殊的、通过一种潜在含义的广泛所指而达到的最相关的话语效应。

Sperber 和 Wilson 的定义表面看来很有道理,但从下面这个话语片段来看,能够满足上面定义的话语,并不能独立成诗,至少在汉语里是这样。请看:

(5)(a)野草,根本不深,花叶不美,然而吸取露,吸取水,吸取陈死人的血和肉,各各夺取它的生存。(鲁迅《野草·题辞》)

(b)院子里的树叶已经巴掌一样大了,爸爸什么时候回来呢?(朱自清,1998:198)

(5a)不是诗;(5b)也不是诗,为什么呢?正如朱自清(1998:198)指出的,上面的语句颇富诗意,然而它们不是诗,因为它们缺少必要的诗歌的韵律。(5)中的句子至多可以看作散文诗,但散文诗并不是诗。朱自清也称之为'话'而非'诗'。诗歌既然离不开韵律(指诗歌韵律——齐整律,而不是口语韵律——长短律,参第二章),因此上面诗语效应的定义必须加以修订才能避免把(5)中的句子当作诗的错误。于是我们把(4)中的"诗语效应"重

新定义如下:

(6)**诗语效应**(参冯胜利,2011)

诗家语(诗语效应)是一种特殊的、通过一种潜在含义的广泛所指而达到的最相关的,且具有适当韵律结构的话语效应。

根据(6)中的定义,"诗意"必须和"诗律"携手合作才能创造出文学上所谓的诗语效应(或诗家语)。

明确了诗语效应,下面的问题是如何确定"诗律"。这里我们根据朱光潜(1979)以及近年来有关汉语韵律的研究(参端木三1999;王洪君 2000;冯胜利 1998),提出如下几条最基本的诗律原则。

(7)**诗歌的节奏原则**

诗歌的韵律由节奏组成,汉语诗歌的节奏主要通过停顿和韵脚来实现①。

朱光潜早就指出(1979),汉语诗歌韵律是通过节奏来实现的,而节奏是通过韵脚和停顿来实现的。这是汉语诗歌之魂。注意:平仄的确是汉语律诗的重要规则,但不是汉语诗歌所以成诗的必要条件。原因很简单,根据传统音韵学(如段玉裁、黄侃,参第六章)以及当代音韵学的研究(郑张尚芳 2003;潘悟云 2000 等),上古汉语没有声调。如果上古汉语没有声调的话,那么早期汉语的诗歌(如二言和四言)就没有平仄。上古汉语有诗而没调,可见声调不是成诗的必然条件。什么是汉语诗歌的必然条件呢?回答就是(7),亦即其定义所论之节奏。这一结论可以根据当代韵律学推演而出。

首先,我们必须认识到:节奏本身是一种结构。作为结构它至

---

① 汉语诗歌韵律通过节奏来实现,节奏通过韵脚和停顿来实现(参朱光潜,1979)。

少要包含两个成分。这是根据 Liberman(1975)以及 Liberman & McCarthy(1977)提出的"相对凸显"的韵律原则得出的必然结论。这个原则的主要思想是：任何一个独立的节律单位(prosodic unit)或任何一个独立的音步(foot)，都是由节律片段所组成(或实现)。至于这个节律片段是叫作"韵律单位"还是叫作"音步"都无关紧要，不是这里的关键所在；这里最重要的是这个"片段"必须符合"相对凸显"的韵律要求才能独立。这里面"相对"的概念意味着：一个最小的、独立的节律片断必须至少包含两个成分，因为唯其如此才有"相对"可言。这一点很重要，因为单独一个成分无法实现"相对的凸显"，而我们文学史上所谓"轻重""长短""停延""押韵"等的韵律成分和单位，正是这种"相对"的原则的具体体现：没有长就没有短、没有停就没有延、没有两个韵母就没有押韵。相对凸显原则的发现为我们传统上的"前有浮声，后有切响"的说法，找到了所以必然如此的原因和根据。为什么"一简之内"要"音韵尽殊"？为什么"两句之中，轻重悉异"？为什么"声有飞沉，响有动静"？以及怎样才能"辘轳交往……往蹇来连"？凡此种种精辟的描写和比喻，都是"相对凸显原则"这一"韵律 H_2O"的作用所致。可以说"相对凸显论"是人类韵律学史上的一个重要的突破。

据此诗歌节奏的原理，我们提出作为诗行的诗律原则，即：二元成分的诗行结构，如下所示：

(8) **诗行节律的二分原则**

任一诗行必须至少包含两个节律单位。

这种诗行二元的"**最小极限**"正是诗歌音乐性的本质所在。"二"是"重复"的最小限度，重复是旋律的最低要求。因此一个诗行必须至少包含两个韵律单位来满足重复和旋律。那么什么是(8)里所说的"节律单位"呢?

上文说过,"轻重""长短""停延""押韵"等韵律单位都至少由两个成分组成,因为节奏是由"相对凸显"的结构所组成,因此二元的分枝结构是其最基本的韵律要求。用图形表示即("R"代表"节奏";"*"表示"不存在"或"不合语法";"X"和"Y"代表最小的韵律单位):

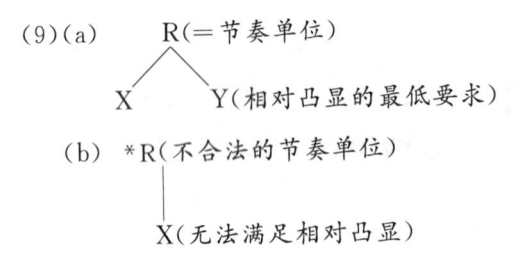

(9)(a)　　　R(=节奏单位)
　　　　　 ╱＼
　　　　　X　　Y(相对凸显的最低要求)

　　(b)　*R(不合法的节奏单位)
　　　　　│
　　　　　X(无法满足相对凸显)

Kenstowicz(1993:264)说:"现在很清楚了:为什么'最小极限'要求两个位置呢?(因为)这种要求反映了节律音步是一强一弱两个成分的组合。"① 据此,(8)中所说的节奏单位可以根据韵律构词学(McCarthy,1993)和汉语韵律句法学的理论(Feng,2000、2005),将其定义为"音步"。

(10)节律单位

汉语的节律单位由音步(=最小节律单位,标准韵律词)、大音步(=大韵律词)复合音步(=复合韵律词)等韵律单位构成。

事实上,汉语里最基本(或最标准的)的韵律单位(不涉及标准单位的变体形式)是通过汉语音系学里"自然音步"的性质决定的。

---

① Kenstowicz(1993:264)的原文是:"It becomes clear why minimality requires two positions: it reflects the metrical foot as the composition of a strong elemement with a weak one."

第三章 汉语诗歌的构造原理

什么是自然音步？我们在第一章曾经指出过：它是由不受语义和语法影响组成节奏单位。譬如：

（柴米）（油盐）（酱醋）茶

（布宜）（诺斯）（艾利）斯

（55）（55）（55）5）

上面三种不同类型的"字串"都是不受词义和句法的影响而组织、分界的；然而它们无一例外地用"从左向右 2＋2（亦即/xx/xx/）的方式"组合而成；当最后出现单个成分的时候，就把最后一个归入前两个，按（xx）x）的方式组合起来。不难看出，这种组合因为没有受到任何语义、语法和语用的影响，所以组合出来的是汉语中是最自然的"纯节律单位"，因此称作韵律上的"自然单位"；为方便起见，我们称之为"自然音步"（显然，这里的"音步"不是英文意义上的重音计时 stress timing 型音步。注意："599"或"955"因受其中"99""55"并例异出的影响，不是纯节律单位。）。

我们知道，最自然的，也是最标准的。因此，汉语的标准音步由两个音节组成；大音步由三个音节组成。由此推演，一个标准的韵律词包含两个音节，一个大韵律词包含三个音节（Feng 1995；Chen 2000）。而四个音节则构成一个"双韵律词"，在韵律构词学中称作"复合韵律词"。

上面谈到的几个韵律单位的概念都可以在将由 Brill Publishers 出版社的《汉语语言学百科全书》(*Encyclopedia of Chinese Language and Linguistics*)里找到相同的定义，包括 Disyllabicity 双音化，Prosodic Morphology 韵律构词学，Prosodic Syntax 韵律句法学，以及 Four Syllable Expression 四字格；其中最相关词条内容可以概括如下（读者也可参考《汉语的韵律、词法与句法》第一章）：

(11) 　标准韵律词　　　超韵律词　　　　复合韵律词

```
        f              F                f       f
       / \           / | \             / \     / \
      σ   σ         σ  σ  σ           σ   σ   σ   σ
      天   下        两 头 蛇           一   箭   双   雕
```

如果我们再从更深层的技术原理上来探讨,那么应该知道,在韵律音系学里,音步也好(如 Duanmu,2000;Feng,1995),最小节律单位 Minimal Rhythmic Units 也好(简称 MRU,Chen,2000),都是根据 Liberman 的相对重音凸显原则下的双分枝原则建立起来的,如(12)所示。

(12) 音步(或基本节律单位)二分枝原则(Liberman,1975)

在人类语言中,音步要么至少包含两个音节(如汉语),要么至少包含两韵素(如日语和远古汉语,参第六章)。

显然,中古以后的汉语的音步是音节的二分(至少由两个音节组成)。确定了汉语的基本韵律单位后,我们再来看(5)中的散文诗。显然,那里的句子组织需要经过韵律的改造而后才可以成为诗句。譬如(5b):

(13) 园中树叶今又大,
　　　天涯家父何时归。

把(5b)改写成了(13),显然是出于汉语"音节音步"的需要。(13)中的两行虽然都是[2+2]+3]的节律结构,但这两行之间没有押韵关系,因此各自独立而不能呼应成体。换言之,它们像诗了,但不是最标准的诗。当然,许多语言的诗歌都不押韵。不押韵也能成诗,这是事实。然而,几乎所有的汉语诗歌都要押韵,这也是事实!就目前所知,《诗经》唯《周颂》"多不叶韵"。对此,顾炎武有说曰:"凡《周颂》之诗多若韵若不韵者,意古人之歌必自有音节而今不可考矣。"就是说，没有押韵不等于没有节律，只是不可考见而已，因此朱熹说："疑自有和声相叶。'《清庙》之瑟，朱弦而疏越，一倡而三叹'，'叹'即'和声'也。"(引自江永《古韵标准诗韵举例》)我们认为：朱子之"叹"即可解为"节律顿叹"(参第七章)，也是设想有节律的。如果是这样的话，那么远古诗行或许有凭节律而不押韵者。但那是远古的情况，究竟如何还需将来的进一步的研究；但后来的诗歌没有不押韵的。因此，(13)中齐整的诗行虽然平衡对称，但仍不能满足周秦以后汉语诗歌旋律的要求，因此它必须遵循汉语诗歌押韵的要求进行调整才合诗律。就是说，(13)还要加工成(14)的样子，才能成诗。亦即：

(14) 园中绿叶今又<u>长</u>，

何事阿爹不还<u>乡</u>？

我们必须把(13)中的三字尾变成像(14)那样的韵脚，才能创作出具有汉语诗格的传统诗联。因篇幅所限，我们无法在这里讨论为什么汉语的诗行必须押韵的原因，但我们可以根据汉语诗歌必须押韵的事实，提出一条汉语诗律的普遍规则：

(15) **诗歌旋律法**(Rhythmic Melody)

汉语的诗律需通过押韵来满足诗歌的旋律。因为押韵至少要在两个诗行(或单位[①])的呼应中实现，因此汉语诗行的基本形式是：

[LR1♯LR2]。

在上面的格式里，"L"表示"诗行"，"R"是"(一个诗行最后的)韵"，"♯"是"两个诗行之间的间歇"；于是 LR1 和 LR2 构成一个最小旋律单位，亦即，诗歌形式的一组对句诗联(couplet)。

---

① 为简便起见，这里暂不涉及行内的押韵现象。

第二章谈过,诗歌的音乐之美是旋律,旋律的本质是重复。因此单行诗没有回旋的音乐效应,所以单行不成诗。正因如此,在诗歌的王国里,没有单行诗的地位。即使存在,也如 Hollander(2001:11—12)指出的那样:"其实单行诗几乎总是一个诗联,它是由标题和诗行本身组成的一句格言。"其所以如此,我们认为正是由诗歌的音乐性决定的。(15)中的旋律法反映出人类诗歌普遍的音乐属性。①

根据上面的诗律原则,我们现在可以提出控制传统汉语诗歌创作的一般规律,亦即诗法的最小条件和最佳条件,像我们在第二章看到的诗步、诗行、诗联与诗节一样,有如下法则:

(16)(a)汉语诗歌结构的**最小条件**(Minimality Condition)

单音不成步,单步不成行,单行不成诗。因此:

一个最小音步=两个音节

一个最小诗行=两个音步(或者两个韵律单位)

一个最小旋律单位=两个诗行(一个诗联)

一首最小的诗=两个旋律单位(一首绝句)

(b)语诗歌结构的**最佳条件**(Optimality Condition)

汉语诗歌结构系统默认最基本、最小,亦即最佳的结构;因此汉语的最佳诗歌形式是:【{[(σ×2)×2]×2}×2】;其中"()"代表音步,"[ ]"代表诗行,"{ }"代表诗联,"【】"代表诗节(绝句)。

---

① 正如 Halle & Kayser(1990:130)所指出的:"每一首诗歌无一例外地都由诗行所组成 every poetry that we know about is composed of lines"。"所有的诗歌,无论什么地方的,都由诗行制作而成 all poetry everywhere is made up of lines。"(Halle & Kayser,1990:130)。为什么诗都由诗行组成?为什么天下没有单行成诗者?这些问题都可以从(16)的规则中得到相应的答案。

第三章 汉语诗歌的构造原理

注意:这里的[σ×2]指最小、最标准的音步。但以音步(或更准确地说是韵律单位)为单位的诗行并不排除大音步(三音节)和复合音步(四音节)的使用(所以才有五言诗和七言诗的形式)。当然,不同类型的音步如何组织、如何成形(亦即如何搭配),则需根据韵律规则及其交互作用而定(参见本书第六至九章)。

从(16a-b)中不难看出,汉语里的齐整律是"最小单位的最小组合"的结果(两两组合):两个音节组成一个音步;两个音步组成一个诗行;两个诗行组成一个诗联;两组诗联组成一首绝句,两个绝句组成一首律诗。根据上面的理论我们还可以进一步推知:律诗均由两个绝句做成,因此两联的绝句的独立必然早于两绝的律诗。事实正是如此。启功先生曾指出:"绝句的'绝'字是数量概念,四句是一般诗篇起码句数……八句律诗的声律,实是两个四句律调重叠组成的。"(《汉语现象论丛》172页)。可见启功已然发现绝句先于律诗的现象,而其所以必然者,正是上面"诗歌最佳条件"的原理所致。事实上,从庾信的《重别周尚书》、隋无名氏的送别诗(杨柳青青着地垂)以及谢朓的《有所思》等诗来看,"绝句是早在律诗之前就出现了的"(林庚,1984:260)。这不仅印证了本章的结论,同时也是这里诗歌韵律分析的必然结果。结果证明预测,预测核实理论;据此,(16)中的理论信而有征矣!

上述诗歌形式的"最佳条件"还意味着:汉语的诗歌从最小的单位(音节)到最大的诗体,均以双分枝(两个单位)为其基本格式。我们知道,文学发展是错综复杂的,文学创作也是变化万端的,所以很难有一定之规。然而,就像水之无形无体变化莫测而其本质均不外 H_2O 一样,诗歌也有其所以为诗的 H_2O。什么是汉语诗歌的"H_2O"? 我以为就是上面**最简单位**导致的**最佳**结果,简称"二二制":两个音节组成一个音步,两个音步组成一个诗行,两个诗行组成一个诗联,两个对联组成一首最小的诗(绝句),两片小诗组成一首律诗。事实与这里的预测不谋而合;律诗正是汉魏诗歌发展后期出现的近体诗的基本结构。① 由此看来,汉语诗体结构的"分子式"或许就是(16)中的原则与公式,因为它不仅理论上信而有征,而且实践上也可解释诗体无论如何千变万化而最终仍然不离其宗的诗体格式。

有了上面的诗律理论,汉语文学发展史中诗歌的基本形式及其演变轨迹,就有可能得到较为系统、合理的解释。然而,这还只是诗歌发展的韵律基础;诗歌作为文学的一种复杂形式,它还遵循着文学演进的其他规律。语体,如下章所示,就是它组成和演化的另一个重要的因素。

本章思考题:
1.《诗经》和《离骚》的韵律有什么不同?
2.汉语诗歌的构造原理是什么?
3.举例说明什么是"顿叹律",它和"长短律"、"齐整律"有何不同。
4.什么是汉语的自然音步?
5.举例说明标准韵律词、大韵律词、复合韵律词在汉语文学韵律中的不同作用。

---

① 这个系统可以简化为:两音=诗步、两步=诗行、两行=诗联、两联=绝句、两绝=律诗。

第四章 语体原理与机制

文学和语体紧密相关,因为语体有其内在文学功能。如下章所示,《诗经》的风、雅、颂实际就是根据语体原理进行的分类。那么什么是语体呢？首先,本书定义的语体和一般所说的语体(修辞)不一样。我们认为：语体应从语言的交际性上来定义,它是人们说话交际时,标识"说者与听者"之间相互关系的产物。这里我们提出"语体必两极对立而后成存"的理论,并认为"正式与非正式(书面体/口语体)"、"庄典与便俗(庄典体/白话体)"是构成语体的两对基本范畴。相互对立的语体不仅各有自身的词汇与句法(语体语法),同时也是创造文体风格的重要手段和依据(文体功能)。下面分别论证之。

4.1 什么是语体

4.1.1 语体的性质

在以往的研究里,语体和文体混而不分。这里我们提出"语体不是文体"的主张,并进而探讨"语体语法"及其文学效应的机制与原理。

无疑,语体和文体有着密切的联系,但语体不是文体。"语体",

顾名思义,是说话的体式、是一种话语交际的"体"(＝方式或结构系统)。因此,语体指的不是"诗、词、曲、赋、散文、小说"等文体;当然,"菜谱、说明书、驾驶手册"以至于"新闻、评论、广告"等等都是不同的文体而不能混同于语体。语体是直接交际的产物。语体的"体"应当指"说话者"和"听话者"在交际时产生和遵循的原则与规律。

人们话语交际中遵循哪些基本原则呢？这首先要从说话的对象来分析:跟谁说话,关系重大。这里首先要指出的是,没有对象就没有语体;对象不同,语体就不同。当然,社会越来越复杂,交际的对象也因之而越来越繁复。尽管如此,最基本的交际类型仍然离不开"日常的"和"非日常的"两大范畴。研究语体的属性首先要从这两个对立的形式上入手:一个是日常性的或亲密随便一类非正式的话语交际;另一类是非日常的或严肃庄重一类正式的话语交际。就是说,[±正式性]是语体的基本要素,因为任何话语的交际都离不开正式度(均处于这两者或两者之间的任何一点),要么非常正式——让人严肃,要么非常随便——让人轻松;当然也可以偏紧偏松,或亦庄亦谐;然而,若不庄不谐则是中性的"正常方式"。总之,不存在没有正式度的话语交际——即使零度,也是一种度;因为人们一开口就不能没有对象(假想对象也是对象)。既有对象就不能没有场所,因此交际的场所也成为决定语体正式度的必要因素:是在家还是在单位、是五人小组还是万人大会、是公开的还是私密的……,场合不同则说话的方式(庄重度或者随意度)也因之而异。因此我们说,只有语体错位的话语现象,没有无语体的话语现象。一言以蔽之,交际的对象、场所和内容(包括说话者的目的和意图),决定了语体无时不在。语体无时不在,因此其正式度也无时不有。

说话交际除了对象、场所和内容外,"说者"与"听者"二者之间的文化背景也是交际中不可忽略的重要因素。如果说说话者的社会角色(职业、职位等)决定着语体的正式度,那么说话者的文化背景(家世、教育程度等)则决定着语体的庄典度。就是说,庄典度不是正式度。那么它们之间有什么不同呢?

首先,正式度是最基本、最原始的语体范畴①,是话语的本质属性。它无所不在、无时不有。庄典度则不同,它是说话者文化背景的反映。尽管每个人都有自己的文化背景,只有文化优越(有家世、教育水平高)的人,才积极地表现和使用从其文化传承而来的庄典成分。在普通人的日常交际中,一般都潜意识地选用中性(或零度)的庄典度语体(亦即俗白体)。如果把零度庄典也作为语体系统中"庄典系列"的一个等级的话(如同语言形态学把无标记当作默认标记一样),那么庄典度和正式度一样,只有误用的话语现象,不存在没有庄典度的语体现象。举例来说,如果一位单位领导回到家里对妻子说:"今日晚餐要进行调整",你会觉得他有点儿"职业病";如果某位教授对自己的孩子说:"饭时不宜出声!",恐怕也会被人家笑为酸腐。前者属正式体不当;后者是庄典体不适,都是语体错位的表现。②

4.1.2 语体和书面语的关系

"书面语"这个术语很不清楚。如果书面语指的是"写下来的文字"(其字面意思如此),那么"书面语"就什么也不是,因为写下

---

① 当然,社会不同、时代不同,其正式与非正式的方式和内容也有所不同,见下文。
② 鲁迅让孔乙己对孩子"之乎者也",即用庄典体错位创造文学效应。又,宋黄彻云:"数物以简,谓食为吃,甚近鄙俗,独杜屡用"(见《䂬溪诗话·卷七》,载于《历代诗话续编》,中华书局 1983 年,第 379 页),亦当以语体错位的文学手段视之为宜。

来的文字什么都有,甚至包括菜谱。如果"书面语"不指所有写下来的文字,那么它具体指什么呢? 至今没有一个统一的说法。这里我们根据《书面语语法及教学的相对独立性》(冯胜利,2003a)中的定义,把"书面语"严格限定在"书面正式语体"这个概念上。因此,书面语不指书面上写的一切东西,而是"写下来的正式语体"。前面说过,语体必须是语言交际活动中口头表达出来的话语,所以必须是"话"。当然,"话"可以用文字记录成书面的形式(因此叫书面语),但这不意味着"书面语"不能说。著名汉语二语专家顾百里(Cornelius C. Kubler)在台湾上大学时听人讲话用到"以及"二字,曾非常惊讶:老师不是说"以及"是书面语吗,怎么说话也能用呢?[1] 由此可见,书面语本身就是直接交际的产物,是直接交际中的正式语体的产物。[2] 凡是不用于直接交际的语言形式不是语体,因此,诗词歌赋之类的形式是文体,尽管可以按语体分类,它们不是交际的直接需要(《左传》行人辞令所用诗赋等,是文体的语体应用)。

4.1.3 语体和文体的关系

从本质上说,正式和庄典均属语体的范畴,因为语体是直接交际的产物,交际离不开对象,因此语体和文体是两回事。文体既可以指文章的体裁(如论说文、记叙文、抒情文、新闻体、社论体等),

---

[1] 这是笔者在2013年8月13—14新加坡南阳理工大学召开的"第三届华文作为第二语言之教与学国际研讨会"上,蒙顾百里教授所见告。
[2] 注意:吕叔湘先生(1944)曾说:"文言和白话是相互对待的两个名词:在早先,没有白话,也就无所谓文言",这是从语文的角度而言,不是从语言(或语体)的角度而言。本书从语言学的角度立论,认为语体是人类的语言特征,无论古今还是中外。

又可以指文学作品的形式（如诗、词、曲、散文、骈文、小说等）。无论文体怎样定义，就其一般类型而言，它所传达的信息都不是直接交际的需要（没有人日常用诗来对话，即使有，充其量也只能算作文体的"语体化"而非语体本身）。

语体虽然不是文体，但语体却是文体产生的源泉。正式和非正式除了可以表现说话者的身份地位等方面的特征外，还可以促发文体形式的发展，它是不同文体构成的动力和组成要素，这就是为什么文学离不开语体的原因所在。叙述故事一般都用非正式的语体，论证时事多与正式语体结伴而行，而说明文则常常是零度语体的运用。① 如果说官方文书钟情于正式体，文学学术的创造青睐于庄典体，那么尺牍文学则可以看作是便俗语体和庄典语体的艺术结合。

尽管如此，理论上，语体和文体的内容不同，其构成的原理也不一样，因此分属于不同的研究领域。毫无疑问，文体和语体相互作用，也彼此交叉：语体可以创造文体，而文体的发展也丰富了语体的表达。至于哪些文体能够在实际交际中为语体服务，不仅是文体研究的内容，也是语体研究的重要课题。

4.1.4 正式与庄典的分辨

正式和非正式是对立的；庄典与俗白也是相反的。这两组对立概念的关系和分辨极为重要。然而，因其有相似之处，故而有分辨之难。首先，正式的话语不一定雅。"改改这句话"是口

---

① 不排除有些语体色彩很强的说明书在[±正式]和[±庄典]的语体特征中选择[＋正式]的特征。

语形式(非正式),而"这个句子要进行修改"则很正式。虽然正式,我们并不觉得它"雅"。那么什么是"雅"呢?一般人都把"雅"当作"美"。"美"属修辞范畴,不是我们这里说的"语体固有的本质属性"。"雅"是人们说话交际的固有属性吗?太炎先生早有论断:[①]

> 或曰:子前言一切文辞体裁各异,其工拙亦因之而异。今乃欲以书志疏证之法,施之于一切文辞,不自相刺谬耶?答曰:前者所言,以工拙言也。今者所说,以雅俗也。工拙者,系乎才调;雅俗者存乎轨则。轨则之不知,虽有才调而无足贵。是故俗而工者,毋宁雅而拙也。雅有消极积极之分。消极之雅,清而无物,欧、曾、方、姚之文是也。积极之雅,闳而能肆,杨、班、张、韩之文是也。虽俗而工者,毋宁雅而拙。故方姚之才虽驽,犹足以傲今人也。吾观日本人之论文者,多以兴会神味为主,曾不论其雅俗。或取法泰西,上追希腊,以美之一字横梗结噎于胸中,故其说若是耶?彼论欧洲之文则自可尔,而复持此以论汉文,吾汉人之不知文者,又取其言相矜式,则未知汉文之所以为汉文也。
>
> ——《文学论略》

这段话内容丰赡,见识超人,颇耐深味,而其中对语体阐释最精要者,是章氏"汉文之所以为汉文"的语言规则:第一,雅俗不是工拙。据此,我们不能把"雅"和"美"或者"巧"等写作技艺混为一谈。第二,雅俗是系乎"轨则"的为文之道。据此,我们不能把"雅俗"之别当作修辞手段,因为轨则无所不在,而修辞则可有可无。不仅如

---

① 海空和尚(774-835)在《文镜秘府论》中也谈到"文…有雅体、鄙体、俗体"的不同,并主张"委详所来"以"定其优劣"。

此,太炎先生还说:

> (明)七子之弊,不在宗唐而祧宋也,亦不在效法秦汉也,在其不解文义,而以吞剥为能,不辨雅俗,而以工拙为准。吾则不然,先求训诂,句分字析,而后敢造词也。先辨体裁,引绳切墨,而后敢放言也。

——《文学论略》

这里揭示出雅俗语体上的深刻道理:若不分雅俗(庄典和通俗的语体),其结果只能靠文字手段来掩饰其语体水平的不足(或弥补其语体语感的缺乏);若不辨体裁,结果只能生吞活剥前人的语言而不能自造。

那么如何才能"辨雅别俗"呢?根据太炎先生,必须"先求训诂,句分字析,而后敢造词"。这就是说,雅言与俗语之别存乎字词(语言),因此"求训诂、析字句",而后能雅。前面说过,"改改这句话"是俗白体,"这个句子要进行修改"是正式体,而"此句欠妥,宜酌情删改"则为庄典体。何以"庄典"? 就是章太炎所谓的"存乎字词",就是取自其中耳听可懂的文言古语。由此看来,援古入今,方为庄典。① 如果是这样的话,那么迄今鉴别出的现代汉语中三百个左右的古语今用的嵌偶单音词(见《汉语书面用语初编》)均属庄典体的范畴。总之,在太炎先生看来,不求训诂则不知雅俗;不知雅俗则不辨体裁,不辨体裁则不敢放言(自由说话)。注意:太炎先生的"体裁"实即我们这里的"语体"。而其所谓"雅俗者存乎轨则"、"引绳切墨而后敢放言"者,正说明话语(或文章)的语体轨则。

---

① 章太炎《自述学术次第》:"余少已好文辞,本治小学,故慕退之造词之则,为文奥衍不驯,非为慕古,亦欲使雅言故训,复用于常文耳。"可见援古入今即"使雅言用于常文耳"。

就太炎先生而言,无文不体(没有没有体裁的文章),无体不雅(没有不含雅俗的体裁);对我们而言,不存在没有语体的话语交际;不存在不含庄雅(庄=正式、雅=庄典)的语体。因此,没有语体则不能说话;如果不能说话而硬说,就会造成语体错位。明朝公安派引俗语入古文,在太炎先生看来就是语体错位,究其源,"不在效法秦汉也,在其不解文义"(无字词的语体语感),所以才造成"不辨雅俗""以吞剥为能"的语体错位。

4.2 交际距离与语体本能

我们知道,交际不仅是动物的本能,更是人的本性。人作为一种社会和语言的动物,无时不在交际之中。交际的本质在于确定彼此的关系:或远或近。最远的是敌人,最近的是所爱的人。人们确定亲疏远近的方式一般有如下数种:

(i)用肢体语言:眼睛、嘴唇、牙齿、拳头等;

(ii)用声音语言:撒娇、唬人的发音各不相同;

(iii)用递归 recursion 语言:此人与动物之最大区别——人的语言有递归性(如"他想写[写[写书]的人]的故事"),而动物的语言没有递归性(recursion)。

递归语言和声音语言都可以通过音量的大小、轻重和粗细等不同形式来表达亲疏。汉语的词汇本身就反映了这种"声音的作用"。如:

娇声嫩气、窃窃私语、甜言蜜语、和蔼可亲、语重心长、

低声下气、长歌当哭、声嘶力竭、暴跳如雷、声如洪钟

不仅词汇,"语气"同样可以确定关系的亲疏和距离。语气的"定距

功能"种类很多,有亲昵的、密切的、和蔼的、爱怜的、同情的、严肃的、严厉的、愤怒的、威胁的、轻蔑的、祈求的,等等。

交际关系需要不断调节。调节关系很大程度上就是调节彼此之间的距离:使远的变近,近的变远。所谓正式与非正式,其实就是调节关系距离远近的语体手段:"正式"是"推远"距离、"非正式"是"拉近"距离(冯胜利,2003a/b)。① 因此,从本质上说,正式与非正式是一种调节交际关系的语言机制。具体而言,说话者不仅可以采用变速度、变声调、变语气、变韵律等语音手段,甚至还可以通过变词汇、变说法、变结构等语法手段,来表现、确定和改变与听者的距离(关系)。如上所述,调整距离无非是"推远"和"拉近"。"推远"就用"正式严肃体","拉近"就用"亲密随意体"。其实,正式就是让听者产生一种距离感,只有保持了一定的距离,说话者才能矜庄、听话者才能严肃;而所谓非正式,就是要消除听者的距离感,没有距离才能让对象感到放松、亲切和随意。由此可见,"调距"是语体机制的根源所在。

如果距离是语体产生的内在机制,而正式是拉距的语体手段,那么庄典呢?我们认为,正式体的效应产生于共时的距离感(推远或拉近自己与对象的距离),而庄典体的效应来源于历时的距离感(抬高或拉平自己相对对象的位置)。前者是现时的,后者是历时的。换言之,正式与非正式是通过当代语言表达出来的,而庄典和通俗则是通过古代的词句来实现的。譬如:

正式与非正式	你的事儿就是编教材。
	你们的职责是对教材进行编写。
庄典与便俗	这句话不行,得改改。
	此句欠妥,宜加修改。

"对……进行+VV"是现代汉语里正式语体的语法,而"该+N"和

---

① 注意:这里的反命题不成立:拉开距离并不都是正式的。

"宜+V"则是古语今用(古词古句以至于古义的今用)①。由此可见,正式和庄典不仅表达的手段不同,获得的效果也不一样:庄典使人敬慕;正式让人严肃。这样看来,前文所引太炎先生的"雅俗轨则"显然不是正式与非正式的语体内容,而属雅俗体的范畴②。总之,如果语体是由"正式/非正式"和"庄典/通俗"两个范畴组成,那么我们就可以把语体系统分析为如下结构。

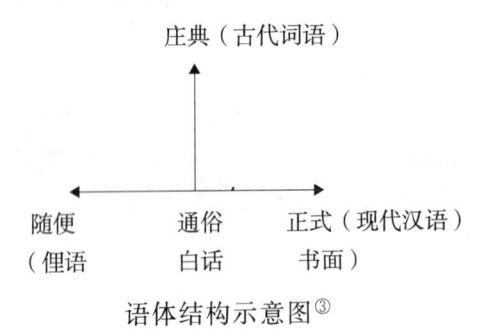

```
              庄典(古代词语)
                  ↑
                  |
                  |
    ←—————————————·—————————————→
   随便         通俗           正式(现代汉语)
  (俚语)       白话              书面)
```

语体结构示意图③

在这个语体坐标系中,正式系统有正负两极(正式与随便),在正负之间是既不正式也不随便的中性零度语体(亦即通俗体或白话体)。日文男子第一人称的四个形式:watakushi, watashi, boku 和 ore 正好说明这里的分类:前两者是正式语体的两个等级(watakushi 比 watashi 还正式);后两者属于非正式语体里的两个等级(ore 比 boku 还随便)。注意:庄典系统没有"以通俗为中性而与庄典相反的对立体"。这是预期的结果,因为"庄典/便俗"是就古今而言。

---

① 古代词、语、义均可今用为庄典体,但古音不可,因无法进行交际。感谢施春宏指出这一点。

② 注意:语体里面的"雅俗"概念和文体(或文论)里面的雅俗不同。语体里面的"俗"专指"通俗"或"俗白"的词语表达,不指文章或者作者的"品格"。在这一点上,太炎先生的雅俗论中也有不辨之嫌。故特指出,以免误解。

③ 注意:在这个丁字图上,不同的位置表示不同的语体选择。譬如,祷天祭文类文体当位于"右上角";余可类推。

所谓便俗是就当代语而言,而所谓庄典则就今语中的古代成分而言(古语如何用之于今的方法和标准,参《汉语书面用语初编·引言》)。今古已然对立,所以不可能再以今为轴而形成过去与将来的对立。上面的坐标体系反映了语体范畴的基本结构。

综合语体范畴在使用中与交际对象(包括场景、内容之间)的交互作用,我们大抵可以勾勒出一个语体功能分布图,如下所示(参 Romaine,2002:521):

文体/文类	庄典	正式	俗白	随便
公务文件		+	(+)	
宗教祭祀	+	+		
国会报告		+	(+)	
新闻广播		+		
报刊社论		+		
学术/美文	+	+		
家里聊天				+
跟百姓讲话			+	
相声/曲艺			+	+
诗歌	+(颂)	+(雅)	+(风)	

语体功能分布图①

当然,语体功能的分布与场所远不止上面这些,这里不过举例而已。理论上,一切文体类型及其区别性特征均可通过"语体性质标记法"得到相应的分析。毫无疑问,随着研究的不断深入,我们可以预知:不仅语体适用的范围和领域会变得更加清晰和丰富,每

---

① 表中某些文体的两个特征,凡标有"()"者为"或者",凡无"()"者为兼有。"兼有"不必各占50%(其中比例的分配及其原则,容另文专述)。

一范域里的庄雅度(或俗白度)也将随着量化理论的完善(参冯胜利等,2008)而日趋精密。

4.3 语体的对立与转换

如上所述,如果语体的本质是调节交际距离的远和近,那么它就不可避免地产生语体上的二元对立:正式与非正式、庄典与通俗(雅言与俗语)。注意:语体范畴中的两个方面不仅是相反的,而且是相对的。换言之,正式体不是绝对的;庄典体也不是绝对的。它们和对立面的关系是辩证的:没有正式就没有非正式,没有通俗就没有古雅。正因为语体的对立是相对的,所以才引出"等级"的概念:正式有程度的高低,庄典也有量度的大小。正因如此,说话和写文章才有正式度和庄典度的不同。譬如:

正式度[①]

  零级正式度 编教材

  一级正式度 编写教材

  二级正式度 教材编写、教材的编写

  三级正式度 对教材进行编写

庄典度[②]

  白话   像 皮肤白净得像雪花膏似的

[①] 正式/非正式体可分(或当分)几个级度、每个级度有多少"语体化语法成分"的问题是语体理论引出出的重要课题。有关这方面的初步探索,参王永娜的博士论文《现代汉语书面正式语体句式的庄重等级》。

[②] 据初步统计,"如、似、若"在一般正式文体里的使用频率分别为62%,26%和12%,庶可为这里分级的参考依据。

一级庄典度　如　皮肤洁白如雪
二级庄典度　似　肤白似雪
三级庄典度　若　肌肤若冰雪之白

从上举诸例中我们不仅看到正式与庄典的不同,而且看出它们各自的等级系列;而最重要的是,庄典的等级是通过不同的句法格式表现出来的。我们相信,随着研究的不断深入,正式度和庄典度的分别和测量,将在理论和实践的探索中得到充分的发展和实现,其结果和文学效应也会提到研究的日常上来。

4.3.1　正式与非正式的相互转化

值得注意的是,语体各范畴中的两个方面(正式与非正式、庄典与通俗)在一定条件下也可以相互转化。这当然也是我们理论预测的结果,因为从本质上说,语体范畴的对立面都是相对的。"台湾"就是一个很好的例子。今天北京话里的"台湾"一词,一般都不读轻声。然而,这个地名在三十年代(亦即赵元任的学生时代)的北京话里,第二个字"湾"读作轻声(参赵元任,1968:39)[①]。轻声和非轻声有什么区别呢? 我们知道,北京话的轻声原则是:口语的未必都轻声,但轻声的必定是口语。(参 Feng,1995)据此,我们可以推知,轻声的读法一般都是非正式体的口语形式。"台湾"这个地名以前读轻声,说明它是一个口语里的普通省名,没有正式的色彩。但是台湾割让给日本以后(据赵说),它就从一个普通的省名变成了"民族的焦点"。地位"政治化"了,其轻声的念法也就显得过于随便而不够庄重。正因如

[①]　同时参丁邦新译《中国话的语法》第 52 页(河北教育出版社,1996)

此,它轻声的读法越来越少,以至今天的北京人根本不知道"台湾"还曾有过轻声的读法。由此可见,正式与非正式的词语在一定条件下可以相互转换①。

上面的变化是历时的。正式与非正式的对转也可以是共时(地域性)的。譬如北京话的被动标志有"被、教、让"。第一个是正式的,后两个是非正式的。然而,到了南方方言(譬如一些说上海话的人的语感)里,"教/让"却比"被"显得正式。显然,这是北京话标准地位的影响结果。

4.3.2 雅言与俗语之间的相互转化

不仅正式与非正式的语体范畴可以相互转化,雅俗之间的对立也可以相互转化。季刚先生说:

> 宋词出于唐诗,元曲出于宋词,正如子之肖父,虽性情形体酷似,遭逢既异,行事亦殊。又雅俗有代降,其初尽雅,以雅杂俗,久而纯俗,此变而下也。雅俗有易形,其初尽俗,文之以雅,久而毕雅,此变而上也。由前之说,则高文可流为俳体;由后之说,则舆颂可变为丽词。然二者实两行于人间,故一代必有应时之俗文,亦必有沿古之词制。

——《黄侃日记》214 页

由此可见,社会的变化和历史的发展,使语体范畴的正式与非正式、雅与俗之间的对立,相应而变。事实上,语体范畴的波动比语言中其他任何规则对社会变化的反应,都更为敏感。如果说社会

---

① 今天北京话里"政治""思想"等正式词汇已经开始口语化,所以第二个音节在一些年轻人口里都趋于轻读、甚至轻声化。(参陈建民,1984)

变化造成正式与非正式对立的重新调整的话,那么时间的迁移则是雅俗不断转换的历史因素。虽然语体有对立,但对立双方的地位并非永久不变。无论多么时髦的流行用语,隔代不用则可变俗为雅;无论多么优雅的古典用语,滥用无度也会俗不可耐。"窈窕淑女,君子好逑"——古雅之极,殊不知在当时人的嘴里也不过是"漂亮的好小姐呀,是少爷的好一对儿"两句民歌(鲁迅翻译)。难怪近世俄国形式主义批评家希克洛夫斯基(Victor Shiklovsky)等人以为:"文词最易袭故蹈常,落套刻板(habitualization,automatization),故作者手眼须使熟者生(defamiliarization),或亦曰使文者野(re-barbarization)"。① "使熟者生""使文者野"就是利用语体对立的机制来创造文学的效应。

4.4 现代书面正式语体的诞生

如果前面所说的正式与非正式、庄典与通俗是语体运作的内在机制,那么人类语言莫不如此。然而,长期以来,尽管许多学者开始关注书面语的问题,却从来没有从正式与非正式的独立范畴上来鉴定语体的属性,更没有人进而提出语体语法的机制。② 与此相反,语法的研究在"我手写我口"的白话文运动影响下,把现代汉语等同于白话文。似乎"说的口语"和"写的白话文"之间,没有、

---

① *引自钱锺书《谈艺录》320 页(参 Robert Scholes(ed) *Structuralism in Literature*. 1974:83—84; Robert C. Freeman(ed) *Linguistics and Literary History*. 1970:43—44; Wellek and A. Warren, *Theory of Literature*. 1963,236.)

② 陶红印(1999)提出"语体分类的语法学意义",冯胜利(2003)也有"书面正式语体的语法独立于现代口语的语法"的主张,但均未形成"语体语法机制"的系统理论。

也不应该有什么区别。① 无疑,这是五四运动的影响。"五四"强大的激进力量让当时以至后来的学者很难客观地鉴定语体的存在。语体不存在,自然也就无法揭示其正式/非正式、庄典/通俗之间的依存规律。当然,这并不是说当时没有清醒者。黄季刚先生早在三十年代就曾指出:

> 言辞修润即成文章,而文与言讫于分乖者亦有。……常语趋新,文章循旧,方圆异德,故雅俗殊形矣。……语言以随世而俗,文章以师古而雅,此又无足怪矣。尝闻化声之道,从地从时。从地则殊境不相通,从时则易代如异国。……综上所说,文与言判…非苟而已也。
>
> ——《黄侃日记》198—199页)

就是说,语言中的雅和俗、正式与非正式的对立和存在,"非苟而已"。它们不是人为的,而是语体系统赋予它们各自的不同功能——日常体不能离开正式体而独立存在。可惜的是,这种精辟的思想被"五四"狂澜当作残渣余孽抛到山崖海底,无人问津。然而,如果说每种语言都必须具备庄典和便俗的"两条腿"才功能齐全、肢体完整的话,那么季刚先生的话不啻告诉我们:"五四"消灭了文言文等于截掉了汉语语体的一条腿。文言文是"五四"以前汉语的正式语体。文言被消灭,汉语正式的表达也因之而亡。截肢后的汉语逡巡艰难地行走了近百年,今天才终于在自身机体的酿育下,又生长出新肢——当代书面正式语体。这也是预料中事,因为正式/非正式是语体机制:非有两极,不能成体。从这个意义上说,"五四"消灭的不是简单的文言,而是汉语的语体。单极不成

---

① 这种误解的反面就是片面夸大"文"的不可说性(unsayability),而视之为"死语言"。这同样是不解语体二元属性的偏误。事实上,只要语体需要,死亦能活。

体,因此,失去文言(正式)的汉语必然再生以补其缺;而今天汉语"新兴正式语体"的出现,恰好证明了"单极不成体"的语体理论。

事实上,不仅现代汉语的语体有两极之分;上古汉语也不例外。根据任学良(1982)的研究,《孟子》里类似"种"和"树"所反映的,就是当时语言中"文"与"言"的不同:

《孟子·滕文公上》:"许子必种粟而后食乎?"
《孟子·梁惠王上》:"五亩之宅,树之以桑。"①

据此,任先生指出:"先秦言文并不一致"(1982)。当然,现在看来这种"种、树"之别并非简单的"言文不一",而是正式与非正式、庄典与俗常语体的对立、是人类语言中语体正反两极的必然产物("种、树"反应的是对话体(《孟子·滕文公上》)和论说体(《孟子·梁惠王上》)的不同)。② 明于此,亦可推知古人所谓"书语",实即当时的一种庄典体。《隋书·李密传》:"密与化及隔水而语,密数之……化及默然,俯视良久,乃瞋目大言曰:'共你论相杀事,何须作书语邪?'"又,《隋书·荣毗传》:"上谓之曰:'卿亦悔不?'建绪稽首曰:'臣位非徐广,情类杨彪。'上笑曰:'朕虽不解书语,亦知卿此言不逊也。'"可见,汉语古来就有"书语"和"口语"的对立。

不仅汉语的事实可以证明我们"语体必两极对立而后存"的理论(人为取消文言文后,汉语又自身酿育新肢以全其体),爱尔兰的事实从相反的角度同样证明了我们的理论。Romaine(2001)报告

---

① 《诗经·卫风·伯兮》:"焉得谖(=萱)草,言树之背",《楚辞·离骚》:"余既滋兰之九畹兮,又树蕙之百亩。"是所"树"者并不限于木本,亦可为草本植物。又,《孟子·滕文公上》"树艺五谷。"《孟子·滕文公下》"所食之粟,伯夷之所树与? 抑亦盗跖之所树与?"《吕氏春秋·任地》:"树麻与菽。"高诱注:"树,种也。"皆五谷可"树"之证。

② 这也就是铃木庆夏(2009)所谓的具体事件用俗白体而抽象道理用庄典体的篇章功能。

说:许多试图把口语提高到书面正式语体的程度和范围的尝试,都是很不成功的。爱尔兰政府努力推广其古代书面语的结果,不仅没有取代英文作为正式语体的优越地位,反而使得爱尔兰当地口语的使用范围不断缩小。根据我们的理论,这种结果并不奇怪,因为如果英文和当地口语分别承担爱尔兰境内正式和非正式的语体功能的话,那么它本来就两腿俱全而无由再增。因此,政府提升口语(或古代书面语)为正式语体的尝试,注定是无法成功的。

汉语自生正式语体的成功和爱尔兰强行正式语体的失败,究其实,都是语言自身语体机制的作用结果。据此,我们可以进而预测,以色列"复活书面希伯来语为今天官方正式语言"的成功,必然预示着将来一种与之对立的口语便俗体的诞生。

4.5 语体语法的基本属性

语体的独立性不仅表现在它交际的属性,同时表现在它自身的语法属性。换言之,语体是通过语法表现出来的。这一点以前没有引起人们的注意,至今仍然没有引起足够的重视。我们认为,语体离开语法将无从表现,语法离开语体亦将一团乱麻(见下文)。下面我们先归纳正式体的结构,然后总结庄典体语法,从而体会它们如何在文学作品中发挥作用。

4.5.1 正式体语法的原则与特征

表达正式的语体语法的根本原则是:用语法手段把正式表达

和与之相关的口语表达之间的距离拉开。这里的"语法"指广义的语音、形态、词法和句法;"语法加工"后的结果是变形;而"拉距变形"的基本特征是"泛时空化"。泛时空化即减弱或去掉具体事物、事件或动作中时间和空间的语法标记。譬如:

(1) 单音节名词→双音节名词　家→家庭　眼→眼睛　国→国家

(2) 单音节动词→双音节动名词　编→编写　改→改造　造→创造

(3) 动宾→宾动　　编教材→教材编写、教材的编写

(4) 动宾→介宾动　编教材→关于教材的编写、对教材的编写

(5) 具体动作→抽象行为　编/编写→进行编写:(对教材)进行编写

例(1—2)是正式化语法手段中的双音构词法。从韵律上讲,它们是单音变双音;从语义上讲,是从具体到抽象;从语体上讲,是从口语到正式。汉语中大量"家庭"一类的双音名词和"编写"一类的双音动名词,均可视为应正式语体的需要而产生的结果。(3-5)是通过句法格式和移位来满足泛时空化的要求,从而拉开和口语的距离,达到语体正式的目的。

4.5.2　庄典体语法的原则与特征

庄典语体语法的根本原则是用耳听能懂的古代词语替换对应的口语表达,从而与之拉开距离。这种"换形拉距"的基本特征是"古语今化"。譬如:

(6) 双音→单音　学校→校、知道→知、习惯→惯、普遍→遍(V)

(7) 文言古语法→当代嵌偶法

古代(字可单用):夫以服请,不宜往。(《史记·魏其武安侯列传》)

现代(古语必双):那里危险,不宜*(前)往。("宜"与"往"均须成双而后安,亦即[不宜]、[前往])

(8) 古句型A/V 而 A/V 少而精

    为 NP 所 V 为人所爱

    为 NP 而 V 为现代化而努力奋斗

    NN 之 A 品种之多

(9) 古虚词:之乎者也哉 大养其猪/岂不怪哉?

(10) 庄典体的正式化 将其开除出党

例(6-7)是把古代通行的词汇用到现代汉语里。我们说它"古语今化"首先因为这里的"古语"都是今人耳听可懂的词语。其次,因为这些古语必须遵循今天的语法规则(嵌在双音韵律模块里才合法,但古语不必)。(8-9)是通过选用古代句式来完成庄典语体的任务。例(10)说明虽然有些词语来自上古,但它们已然改变自己古代的性质("其"上古不能作宾语)而渐有现代正式语体的功能。① 不难看出,文言在现代汉语里所以仍有活力是语体操动的结果。不仅如此,根据我们的理论,文化越传统,庄典体的市场就越大,其适用的范围也就越广。

4.6 语体的文学潜力

  本章讨论了语体的性质、范畴、组成要素及其语法属性。语体对语言学、历时句法学以及我们这里讨论的诗体文学的研究,都有

---

① 就是说,有些庄典体成分在不断使用中可能逐渐赋有正式的色彩。

很大的意义。

首先从语言学角度看,它能给当代句法学的理论提供一些新的研究线索。如本书所示,如果语体语法是客观的存在、如果语体不同则语法也因之而异,那么现实中就没有不带语体的语法、就没有不关语体的合法性(grammaticality)。下面的例子可以充分证明这一点。

*今天爸爸给我买和读了一本新书。
*昨天领导组织大家买和看了新版宪法。
昨天领导组织大家购买和阅读了新版宪法。

显而易见,口语里不能说的"V 和 V"到书面正式语体里则毫无问题。① 无疑,"VV 和 VV"是书面语体的表达,与口语语法很不一样。可见,句法研究若不分语体,就如同方言研究不分文白异读一样,所遇到的现象必将是一团乱麻。

如果说语体的研究对语法理论有直接帮助,那么它对汉语史的研究更具启发性。毫无疑问,汉语史上的双音化(如赵岐《孟子章句》),在新的语体理论的诠释下,就不仅仅是韵律系统演变的结果,同时也是口语语体发展的产物。如果说语言演变无时不在,那么长期以来困扰语言学家的有关"演变之源"的奥秘,也可从一个新的角度来考虑。现在我们知道:语体范畴中的对立面直接导致两语(diglossia)现象的出现,而两语中的对立因素因时、因地而不

---

① 这类例子不胜枚举,如现代汉语句末的"了",根据孟子敏(2007)的调查,即带有鲜明的口语语体的语法特征(正式语体基本不用)。又如中古汉语发展出的"-子"(如,乌龟子、老鼠子、和尚子),根据梁晓虹(2004)的研究,也是当时口语表达"具体化/近密语体"的一个名词后缀,正式语体也不能用。限于篇幅,有关这方面较全面的综述与论证,只能另文专述。

断转换——要么有雅俗文白之别、要么有正式与非正式之变。①所以,语体是导致语言演变的一个最直接的策源地。②

最重要的也是本书下一章所要论证的,是语体对文学文体分析的重要性。理论上说,什么样的文体用什么样的语体。反过来看,不同的语体可以促发不同的文体。据此,正式与非正式应当看成是文学发展的一种源动力;不仅如此,雅和俗同样是促发文学发展的积极因素。因此,俗文句、雅文句,俗文体、雅文体,俗文学、雅文学,以及它们之间的交叉和组配,也将是一个饶有学趣的新领域。

语体理论的建立告诉我们,谈语体不能不看到它们的正反作用;谈语体的正反,不能不看到它们的文学效能。语体不但是文章组织的原则(参章太炎《文学论略》),也是激活文体演变的驱动器。李渔《窥词管见》中的说法可以从"促变"的角度来理解——"词、曲"之所以不同于"诗"者,一在诗须雅言,二是曲要俗语,介乎之间者才是词,所谓"诗之腔调宜古雅,曲之腔调宜近俗。词之腔调则在雅俗相合之间。"我们原来知道"唐诗、宋词、元曲"的历史次序,

---

① 譬如,"各"是庄典体嵌偶单音词,因此"各国领导、各校领导、各级领导"均文从字顺,因其遵从庄典语法。相比之下,"*各国家领导、*各学校领导、*各级别领导"则佶屈聱牙,因其违背了[各+N]的必双要求。然而,追求庄雅的结果使"各"的用例日见其多。多说的结果是口语化,而口语化以后,其语法性质也随之而变,于是"各小组、各单位"等多音节搭配形式便随之而起。这里不仅见出庄典体与俗常体的语法差异,更是雅俗二体"现行变化 on-going change"的现实例证。不仅现代如此,古代也一样,唐朝李善改"应"为"合"即其例也(见《文选·卷十三》李善注引《世说新语·言语》"虎贲中郎省应在何处")。根据汪维辉(2000)的研究,"合"始见于西汉,而"应"始见于东汉。从东汉到南北朝"应"的出现频率远高于"合",可见"应"比"合"更口语。然而到了唐代,"合"的使用频率急剧提高,变得跟"应"一样,甚至比"应"更口语,所以李善才用"合"代"应",这又是词汇"口语度"的"历时转换"。

② 即使是校勘训诂上"避俗趋雅"的异文(参汪维辉,2000),根据这里的理论,亦属语体转换的产物(同参胡敕瑞[2007]有关汉语史口语语料的鉴定)。

但是我们还没有充分地从"雅俗有代降"的语体机制的角度来看"雅俗之变的必然性"。一部诗歌演变史,从语体角度看不过是一代一代"趋俗化"的历史(">=雅于"的意思):

《诗经》>辞赋>唐诗>宋词>元曲>小说

可见,语体为文学创作和文学分析提供不可或缺的语言工具。不仅如此,它还进而引发出许多新课题:正式与非正式、文与白在不同的文学作品里如何对立、如何交融又如何孕育新体等问题,还是一个未经开垦的处女地。语体与文学,无疑为我们打开了一个观察和研究文体的新窗口。

总而言之,语体理论告诉我们:句法运作可以根据语体的需要而构形、语言演变可以根据语体中二元对立的相互转化而滥觞、文学创作也可以根据语体的功能而酿造新体。尤其是后者,暗示出一个以语体为轴心的文学研究新领域的形成与建立。下章所谓俗、正、典和风、雅、颂的对应性,即其一斑。

本章思考题:
1. 举例说明语体和交际距离的关系
2. 举例说明庄典体在语体系统中的地位和作用
3. 为什么说语体也是语法?举例说明之。
4. 区分具时空、泛时空和超时空的不同及其文学作用。
5. 用本章的语体理论解释"雅俗有代降"的文学意义。

第五章 语体的俗、正、典与《诗经》的风、雅、颂

5.1 二元对立的语体机制

上一章里我们看到语体是语言在直接交际中的两组二元对立的功能体系,其中包括正式与非正式、俗常与庄典。前者如接见外宾与跟同学聊天的不同;后者如和邻居闲谈与祭神致辞的差异。这里我们将进一步讨论语体"俗、正、典"三分的理论体系在理解文学作品中的作用和功能。前面说过,俗常和正式是一对儿相对的概念。就是说,任一正式体的用语在理论上都是某一特定"正式度"在某一表达(或某一部作品)中的实现、是相对于与之对立的"非正式度"或"俗常度"的表达(或作品)而言的。在语体理论的系统里不存在绝对的正式,也没有绝对的非正式。因此"正式"和"俗常"任何时候都是一种"度",因此任何有关语体度的调整都是一种"艺术手段"(无论使用者自觉不自觉)。同理,"庄典"和"非庄典"也是相对的,因此才能彼此参照,才有"非常庄典"、"很庄典"的不同级差,才产生庄重语体感的艺术之美。

该语体体系中的第二个重要的概念是:正式与非正式的对立是在共时语言体系(synchronic system)中生成的,而庄典与非庄典的机制则是把古代语言引入共时语言系统后融合运作(process of amalgamation of two tongues)的结果(Feng,2009)。因此,前者属于共时的语言现象,而后者则是"历时语言的共时化"。举例而言:

(1) a. 正式 厨艺要进行考核 ≠ 口语 做菜也得考试。
b. 庄典 届时由本校领导给其解释 ≠ 口语 到时候儿让头儿跟他说怎么回事。

(1a)中的正式和非正式的区别非常清楚,但(1b)中的庄典和非庄典的差异,对文学的研究来说,仍有讨论的必要。以(1b)中的"其"字为例,根据古汉语的句法,这里的"其"当用"之"不用"其"。譬如:

(2)《春秋公羊传·宣公十二年》:"令之还师而逆晋寇。"
《左传·庄公二十一年》:"虢公请器,王予之爵",

周秦时代,"令之"不作"令其";而"予之爵"在标准的古汉语中不作"予其爵者(=given him [* his]a tripod vessel)"。显然,现代汉语"届时由本校领导给其解释"这句话选用的不是上古而是中古以后的"其"字的用法(参孙德金,2012:101-121)。这就带来非常值得研究的两个文学语言的问题:

(a)为什么现代汉语要用古汉语?
(b)为什么引用古语还要选择?

这是我们研究文学(包括语言学)原来不大注意的问题,现在我们有了庄典语体的理论,这些问题不但可以提出了,而且可以迎刃而解。我们在上一章里说过,庄典体是用古今语言的差异拉开说者与听者之间的交际距离,其功用在表示"话语的典雅度",以此突出文化地位和教育背景或表达发话者的敬畏心理(如敬神祭祖场合,见下文)。这是为什么用古语而不用今语的原因。① 至于为什么

---

① 为什么用古语表达"庄典"的问题还有更深的文化心理的原因,可以作为将来文学和语言关系研究的新课题。

要改变古代语法,那是因为用古语不是为了"复古",而是为了"适今"(今天语体的需要)。因此,"引古适今"则既要适合今天的语体,也要适合今天的语法,这是"历时语言共时化"的"融合amalgamation"规律所致。事实上,根据上面的理论,古、今的概念也是相对的,这对文学语言的研究至关重要。因为汉朝有汉朝的"古"、也有汉朝的"今"。譬如:

(3) 庄典 "丕显哉,文王谟!"(《尚书·周书·君牙》)

非庄典 "伙颐!涉之为王沉沉者!"(《史记·陈涉世家》)

同是赞颂国王的感叹语,"丕显哉!"在汉朝属于古雅的"庄典体",而"伙颐!"则是那时的"口语体",尽管对今天的人来说,它们都是千年以上的古语,因此两者均属庄典体。什么时代的作者,用什么时代的语言,表现什么类型的语体,创造什么样的文学美感,对文学研究来说,是一个崭新的领域。语体的理论告诉我们,研究语言,尤其是古代语言,不能不区分"古今"。区分"古今"必须具体到各个时段上的古与今。显然,语体的理论为我们研究历史词汇和句法、为我们研究历史词汇和句法的使用、为我们研究不同"史段的语感"之美以及它们的错综组配之美,增添了一个新的维度和领域。

这种新的维度要求我们体味和学习古代作品和注释中的语体语感。譬如《周礼·地官司徒·遂人》"凡治野,以下剂致甿。"郑注云:"变'民'言'萌(=甿)',异外内也。萌犹懵;懵,无知貌也。"根据上一章的语体理论,我们可以看出这里郑玄的注释意在道破《遂人》改"民"为"萌"的语体转换:"内"近、"外"疏,"异外内"就是"别亲疏"。用称谓的不同来表示关系的远近,这正是"词汇语体"在表达亲疏、远近关系上的交际作用。为什么"民"和"甿"有"近"和"疏"的不同效应呢？《新书·大政下》云："民之为言也瞑也，萌之为言也盲也"；赵岐《孟子章句·滕文公上》说："氓，野人之称"。孙诒让在《周礼正义·卷二十九》中说：

> 民为兆民、四民之通名，甿、氓字通，并为田野农民之专称，故《说文》训甿为田民。田必在野，故《国策·秦策》高注云："野民曰甿。"《孟子·滕文公篇》赵注云："甿，野人之称。"田野必在国外，故此经六遂以外之民称甿。《史记·三王世家·索隐》引《三苍》云："边人曰甿。"《墨子·尚贤上篇》云："国中之众，四鄙之萌人。"四鄙即边邑在甸外者也。

由此可见，古代社会文化和制度上，"民"和"甿"很不一样："甿"专指"边人"或"野人"。什么是野人呢？请看下面的古注：

> "野人粗略，与都邑之士相对。亦谓国外为野人"（贾公彦疏引《论语》郑注）。

> "野人者，凡民未有爵禄之称也。"（《论语·先进》："先进于礼乐，野人也；后进于礼乐，君子也。"刘宝楠《论语正义》）

> "类郊野之人，未浸渍于仁义，故不可为王者佐。"（《荀子·大略》："管仲之为人，力功不力义，力智不力仁，野人也；不可以为天子大夫。"杨倞注）

> "西方之戎无君者。"（《吕氏春秋·恃君》："氐、羌、呼唐、离水之西，僰人、野人、篇笮之川，舟人、送龙、突人之乡，多无君。"高诱注）

不难看出，"野人"是指"国外""郊野"甚至"西方之戎无君者"。凡此种种均说明"甿人"或"野人"的社会地位，以及他们在当时社会文化观念下与"民"的不同。正是这些不同才能产生郑玄所谓"异内外"的语体作用。① 没有语言则没有文学,没有语感则如何"谈艺"?"异内外"的语感从语言而来,而变"民"言"氓"的写作手法则是转换语体的语言艺术。语体之于文学,亦大矣哉!

5.2 《诗经》中的"风、雅、颂"

语体不同,凡人皆知;但语体的三分(俗常、正式、庄典)则未为通识。我们认为,它们是汉语文体诗学的核心和砥柱,不能不加以论证。上一章我们提出"语体三维说",本章所要指出的是:《诗经》中的风、雅、颂,正是语体三分的文学体现。

5.2.1 《诗》的社会作用

什么是《诗经》的风、雅、颂?这个问题必须先从什么是《诗》和《诗》的作用来入手。

孔子说:"诗三百,一言以蔽之,曰思无邪。"可见《诗》有关"思"

---

① 然而,贾公彦《疏》曰:"大司徒、小司徒主六乡,皆云'民',不言'氓'。此变'民'言'氓'者,直是异内外而已,无义例。以其民者冥也,氓者懵懵,皆是无知之皃也。"可见,贾公彦并未区分"内外"之"异"而浑沦地训为"皆是无知之皃"。孙诒让则认定其中有不同,他在《周礼正义·卷29》中说:"《旅师》云'以质剂致民',即此《经》'以下剂致氓'也。《毛诗·魏风·氓》及《说文》亦以'民'训'氓',偶未别白之耳。"孙氏说毛亨和许慎没有"别白之",那就意味着"民""氓"有别。孙氏承认二者之别,但区别在哪里没有说。由此言之,郑玄的"内、外"之异究竟指什么,也就成为一宗千古疑案。今据词义考证,谓郑注之"内外"即语体之"距离",而用不同含义和所指的词汇来完成"表达亲疏"的语言行为,正是语体语法的一种运作。语体之可发千载之覆者,以此。

的正与邪。《论语·泰伯》又说:"子曰'兴于《诗》,立于礼,成于乐。"由此可见"诗"与"礼、乐"的关系:先礼后乐。

诗歌还有什么作用呢?《论语·阳货》说:"小子何莫学夫《诗》?《诗》,可以兴,可以观,可以群,可以怨。迩之事父,远之事君;多识于鸟兽草木之名"。这是"诗"的社会功能:群(＝亲近)、怨(＝疏远)、事父(＝尊近)、事君(＝敬远),这些都是或明或暗,或直接或间接的语体功能。就是说,"诗"是用以调节社会人与人之间距离关系的语言工具。不仅孔子如此,孟子则更进一步明确提出不同的《诗》篇在社会关系上有不同的功能:

《凯风》,亲之过小者也;《小弁》,亲之过大者也。亲之过大而不怨,是愈疏也;亲之过小而怨,是不可矶也。愈疏,不孝也;不可矶,亦不孝也。(《孟子·告子上》)

可见诗如《凯风》、《小卞》,反映的是人际之间的亲疏远近。事实上,《诗》不仅在家庭邻舍的关系中发挥作用,还有告喻人生的更高作用。《孟子·告子上》又说:

《诗》曰:"天生蒸民,有物有则。民之秉彝,好是懿德。"孔子曰:"为此诗者,其知道乎! 故有物必有则,民之秉彝也,故好是懿德。"

这又说明:作诗是为了明"道(＝则＝懿德)"才"为(＝创作)"的,因为《诗》具有章明"物则"的功能。诗在《论语》中的政治作用就更加明显:《论语·子路》云:"子曰:'诵《诗》三百,授之以政,不达;使于四方,不能专对;虽多,亦奚以为?'"这是《诗》在"达政""外交"上所发挥的正式体的作用。再如《国语·周语》:"晋羊舌肸聘于周……靖公享之……语说《昊天有成命》。"又,《孟子·公孙丑上》:"《诗》云:'迨天之未阴雨,彻彼桑土,绸缪牖户。今此下民,或敢侮予?'孔子曰:'为此诗者,其知道乎! 能治其国家,谁敢侮之?'"毫无疑问,这是"治国"之《诗》。正因如此,《孟子·离娄下》说:"王者之迹熄而《诗》亡,《诗》亡然后《春秋》作。""王迹"灭了,"诗"也跟着消亡了,所以才用《春秋》来替代。这样说来,《诗》还具有《春秋》一样的震慑"乱臣贼子"的作用。这又是国家命运(王迹)与"诗"的关系。

总而言之,《诗》不仅有"礼乐"的作用,而且还可以用"兴、观、群、怨"的方式来处理和调节人们日常生活中的关系;不仅可以章明"物则",而且还可以用于"外交"和"治国"。当然,《诗》的另一更重要功能就是"祭告神祖"。《虢叔旅钟》(《殷周金文集成》二三八)"皇考严在上,异在下。"这里的"上"指先世的神祖;"下"指当世的君王。《诗经·大雅·大明》:"明明在下,赫赫在上"本身就是祭颂先祖之诗。所以说,诗的另一个重要功能就是《诗序》所谓"以其成功告于神明也"。

面对《诗》之种种交际功能与其多方面的社会作用,《诗经》的编辑者如何将其分类才能体现它的不同效用呢?当然,"风、雅、颂"三分就是结果,问题是什么是风、雅、颂?这三者跟上面所谈诗的功能有关系吗?我认为:《诗经》风雅颂的系统和语体的基本功能是一致的;风、雅、颂之所以三分而不是二分、四分或五分的千古谜底之一,就是它暗合着三维分体的语体机制。[①] 换言之,《诗经》中的风、雅、颂有意无意地遵循了语体的内在属性,亦即按通俗、正

[①] 《周礼·春官·大师》:"教六诗,曰风、曰赋、曰比、曰兴、曰雅、曰颂。"《大戴礼记·投壶》:"凡雅二十六篇,共八篇可歌;歌《鹿鸣》《狸首》《鹊巢》《采萍》《采蘩》《伐檀》《白驹》《驺虞》。八篇废,不可歌。七篇《商》《齐》可歌也;三篇间歌。"其归诗于风雅或与《诗》不同。而《仪礼·燕礼》有《周南》《召南》,其中《关雎》《葛覃》《卷耳》《鹊巢》等,则与"雅"类,与《诗经》归类亦有别。这里的不同或与音乐有关,当另文专论。然而,尽管具体诗篇归类不同,但风、雅、颂三分及其作用则无别;"风"是乡土民风的乐歌,"雅"是朝廷正乐中的乐歌,"颂"是宗庙祭祀神明的乐歌。故乐歌的三分与语体的三分,其宗旨仍然是彼此一致,冥合无间的。

式、庄典的语体范畴及其功能(语言的社会功能),将三百余首诗分为通俗体的"风"、正式体的"雅"以及庄典体的"颂"。

5.2.2 风雅颂的语体属性[①]

什么是风、雅、颂?朱熹《诗集传·卷一》说的最切语体:"风者,民俗歌谣之诗也"。《楚辞集注·卷一》又云:"《风》则闾巷、风土、男女情思之词"。毫无疑问,"风"就是民间的、是非正式体的诗歌。那么"雅"呢?《诗经》的《雅》分为《小雅》、《大雅》。《毛诗·大序》云:"雅者,正也,言王政之所由废兴也。政有大小,故有《小雅》焉,有《大雅》焉。"章太炎《大疋小疋说·上篇》云:"凡乐之言疋者有二焉,一曰大小雅,再曰春胾应雅。雅亦疋也"。郑司农注《笙师》曰:"雅状如漆筩而弇口,大二围,长尺六寸,以羊韦鞔之,有两纽疏画"。据此,"雅"为乐器名。然而,太炎先生又云:"大小疋者,其初秦声乌乌。"(《大疋小疋说·下篇》)可见,"雅"本谓方言正音。正因如此,朱熹《诗集传·卷九》谓"雅,正也,正乐之歌也"。就是说,《诗经》中的"雅"是正式体的诗歌。此外,从训诂上看,"雅者,夏也",指"周朝王畿"。所以王畿之内的诗谣歌乐叫做"雅"(就如同首都的方言叫"官话"一样),这个"雅"从"正"义得名,因此正式体的诗歌亦得此名。换言之,"子所雅言"的"雅言"是"正式体话语",《诗》之"大雅小雅"的"雅诗"是"正式体诗歌"。话语和诗歌虽不同,但有正式与非正式的"体"的分别则是一样的。

[①] 《诗》风、雅、颂各体中的作品并非一时之作,这也是诗经彼此分体的因素之一。事实上,即使都是"风",其中的作品也因时、因地、因口语程度的不同而有语体的差异。毫无疑问,这些都是本文理论引发出来的,需要将来深入研究的重要课题。感谢胡波同学的提示。

什么是"颂"？《汉书·儒林传》："唐生、褚生应博士弟子选,诣博士,抠衣登堂,颂礼甚严"——可见"颂"可以是一种"礼仪"；又曰："鲁徐生善为颂",颜师古《注》引三国魏苏林曰："《汉旧仪》有二郎为此颂貌威仪事"。"颂貌",《说文》曰："颂,貌也。"《毛诗·大序》说："《颂》者,美盛德之形容,以其成功告于神明者也"。《郑笺》："颂之言诵也"。① 综此以观,《颂》是庙堂里面的祭祀仪礼及其所用的颂神诗。庙堂的祭诗和"庄典体"有直接的关系。2013年发布的清华简《芮良夫毖诗》,其简后有题名曰"周公之颂志(诗)。"②据考证,即《周公之琴舞》,其诗有曰："嚳(宠)畏(威)才(在)上,敬(警)显才(在)下"。这不仅说明"颂志(诗)"语体的场所(庙堂)、对象(在上)和内容(告功),更重要的是说明使用该体的态度"畏(威)"与"敬(警)"——庄典体语态。这一点也可从《孔子家语·冠颂》看出来：

  明年夏六月,既葬,冠成王而朝于祖,以见诸侯,示有君也。周公命祝雍作颂……。祝雍辞曰："使王近于民,远于年,啬于时,惠于财,亲贤而任能。"其颂曰："令月吉日,王始加元服。去王幼志,心衮职,钦若昊天,六合是式。率尔祖考,永永无极。"

从上文的对话中可以看出作《颂》的动机、要求和场合,同时还可看出《颂》不但有《诗》而且有《辞》——可见古人对《颂》类语体的要求和程序,是极为讲究的。

  有必要指出,从朱熹《诗集传》首发歌乐之说以来,风雅颂之异

---

① 段玉裁《说文解字注·页部》颂下云："《序》谓颂以形容其德。但以形容释颂而不作形颂,则知假'容'为'颂'其来已久。"这说明"颂"为"容貌"之"容"的本字。然而《说文》："镕,冶器法也。"颜师古曰："镕为铸器之模范也。"段玉裁说："今人多失其义。"如果说"镕"是"模范","容"为"样式",则"颂"或"容"之借,因此,"颂"有"仪法"之意,正与"雅"之训"正"彼此相对而相成。

② 今篇题作《周公之琴舞》,属"篇题异称"之例(见《清华大学藏战国竹简·三》中的《周公之琴舞·说明》132页)

就不乏以乐别之者。朱熹曰:"颂者,宗庙之乐歌也。"阮元的《释颂》更由此推展,他说:

> 颂之训为美盛德者余义也。且颂字即容字也。容、养、羕,一声之转,古籍每多通借。今世俗传之样字始于《唐韵》,即容字。岂知谓《周颂》《鲁颂》《商颂》者,若曰周之样子、鲁之样子、商之样子而已,无深义也!《三颂》各章皆是舞容,故称《颂》。若元以后戏曲、歌者舞者与乐器全动作也。

这就把《颂》说成了祭祀所用的歌舞曲。但王国维不同意"颂"为"舞曲"或"舞容"之说。他在《说周颂》一文中指出:"阮文达《释颂》一篇,其释颂之本义至确,然谓三颂各章,皆是舞容,则恐不然。"王氏别开生面地发现了一个非常重要的事实:"颂之声较风雅为缓"。他说:

> 风雅颂之别,当于声求之。颂之所以异于风雅者,虽不可得而知,今就其著者言之,则颂之声较风雅为缓也。何以证之?曰:风雅有韵,而颂多无韵也。凡乐诗之所以用韵者,以同部之音,间时而作,足以娱人耳也。……然则风雅所以有韵者,其声促也。颂之所以多无韵者,其声缓,而失韵之用,故不用韵,此一证也;其所以不分章者亦然……此二证也。

我们认为,从语体的角度说,"颂"是庄典语体里面的典型代表,亦即"宗教诵辞"。从事实上看,王国维的"声缓"说正可以作为我们"颂"诗为"庄典体"的又一明证:节奏稳缓与语体庄典具有内在的"形式—功能"对应性,亦即"节奏稳缓的形式"对应"庄重典雅的功能"。[①] 正因如此,《礼记·乐记》云:"听其《雅》、《颂》之声,志意得

[①] 事实上,《小雅》中的某些诗篇和《国风》很接近,而与《大雅》有很大区别。因此古人诗体三分的情况仍有待来日对《诗》篇章做一全部整体检测而后可确定。感谢汪维辉先生的建议。另,陈世骧(1974)有关"颂"为 Eulogia、"雅"为 Elegantiae、"风"为 Airs 的英文翻译,也从不同角度提示三者之间的"语体"差异。

广焉;执其干戚,习其俯仰诎伸,容貌得庄焉;行其缀兆,要其节奏,行列得正焉,进退得齐焉。"这里雅颂之声、节奏之行的伴随效应是:"庄焉、正焉、齐焉",可见音乐的庄雅和语体的庄典,同出一律。换言之,音乐所以分"风、雅、颂"的原因,是为了区分"通俗、正式和庄典"的不同效应。①

5.3 语体机制及其鉴定标准

上一章说过,语体机制的核心是距离,②而距离分共时与历时两个方向。就共时语境而言,这两种不同方向的距离比较容易鉴定和区分。譬如哈佛校训"VERITAS 真理"体现的是历时距离

---

① 《诗》分三体(俗、典、正)是一个问题,而其中作品"怎么使用"(在什么场合、对什么人)则是另一个问题。譬如,据《左传·昭公十六年》所载,"郑六卿饯宣子于郊"时,所赋诗歌就既《颂》,也有《风》:

夏四月,郑六卿饯宣子于郊。宣子曰:"二三君子请皆赋,起亦以知郑志。"子齹赋《野有蔓草》。宣子曰:"孺子善哉!吾有望矣。"子产赋郑之《羔裘》。宣子曰:"起不堪也。"子大叔赋《褰裳》。宣子曰:"起在此,敢勤子至于他人乎?"子大叔拜。宣子曰:"善哉,子之言是!不有是事,其能终乎?"子游赋《风雨》。子旗赋《有女同车》。子柳赋《萚兮》。宣子喜,曰:"郑其庶乎!二三君子以君命贶起,赋不出郑志,皆昵燕好也。二三君子,数世之主也,可以无惧矣。"宣子皆献马焉,而赋《我将》。子产拜,使五卿皆拜,曰:"吾子靖乱,敢不拜德!"

《野有蔓草》《羔裘》《褰裳》《风雨》《有女同车》《萚兮》出自《郑风》,而《我将》出自《周颂》。"什么场合、用什么体、对什么人、赋什么诗"无疑也是本章理论引发出来的、将来需要深入研究的新课题(参《东方红》歌曲的民谣历史)。按,据今人研究,《左传》赋诗共 68 次;其中晋 12 次,郑 18 次,鲁 27 次,楚 3 次,卫、秦各 2 次,莒、齐、小邾、宋各一次;《国语》赋诗共 6 次,其中晋 1 次,鲁 2 次,秦 3 次。《左传》《国语》共赋诗 74 次,其中雅颂 45 次,风 29 词,可见春秋时古人首推雅颂。又,清姚彦渠《春秋会要》云:"飨宴之礼,赋诗言志共二十三次。"(参彭林"清华简《耆夜》酬酒、作歌考辨")而其中赋诗言志的原则与条例,均有待进一步的研究。

② 参冯胜利 2010;王洪君等,2010。

(拉丁文),而"Search for the Truth"的说法则是共时的表达。在当代英语里,benevolence 与 kind 的不同可以理解为共时的距离。中国大学的校训也是如此:"行为世范"(北师大校训)、"允公允能"(南开校训)带有历时距离的含义,而"思想自由"(北大校训)则是共时体的代表。这些都是凭今人自己的语感就能判断出的语体差异。因此,北京人可以直接告诉我们"A 跟 B"、"A 和 B"、"A 与 B"、"A 同 B"哪种表达更口语('＞'表示左边的成分比右边更口语),亦即:

(4)跟＞和＞与＞同

同样,"给人踩了一下＞让/叫人踩了一下＞被人踩了一下"也是现代北京话里不同语体的表现(北京人口语不说"被")。即使是一种语体(如口语形式),北京人说"别"和"甭"也不一样:

(5)您甭费心了,他根本不听。

　　你就别费心了,我们可以自己来。

二者都是劝阻,但"甭"比"别"更口语,劝阻的意味更强,[1]表达了说者跟听者之间更近、更随便的关系。如果是正式的场合,那么这两个词都不能出现,要么用"不要",要么用"勿"(略趋庄典):

(6)"请不要靠近车门"

　　"请勿吸烟"

注意:粤语口语用"勿","请勿靠近车门"是香港地铁上的日常用语。这说明正式与非正式是相对的,是根据"时、地"的不同而不同的。不仅如此,不同的"时、地(社会和时代)",其语体的构成也不一样。汪维辉(2013)指出:"'聆听'[2]和'垂听'[3]都带有敬辞的色

---

[1] 是否与其来源有关("别"是"不要"的合音,"甭"是"不用"的合音),则待考。

[2] 汪维辉(2013)说:《现代汉语词典》的释义容易让人误认为"聆听"就是"听"的书面语说法,欠妥。相比之下,"百度百科"的释义更准确可取:"集中精力认真地听。指虔诚而认真地听取,带有尊敬的色彩,因此一般表示下级听取上级的意见、报告等。"

[3] 这里取汪维辉的意见:《汉语大词典》"垂听"条释作"俯听;倾听"。《现代汉语词典》(第 6 版)未收"垂听",但是"垂"字的第二个义项是:"〈书〉敬辞,用于别人(多指长辈或上级)对自己的行动:~念|~询|~问。"

彩,两者在用法上可以互补,而真正相当于'听'的中性双音词,在现代汉语中实际上是缺位的"。这就是说,人类的自然语言的语体表现形式,并非词词、句句、体体,永远都是完备无缺的。相反,我们认为语体系统是一个变动不居、时时调整的运动体系。因此,"语体缺位"不仅是不可避免的,实际是该系统的本质属性。为什么呢?原因来自两个方面:语言内部的和语言外部的。语言内部的原因是:正式、庄典用语一旦过分使用(熟悉度增加,距离变小)就开始向通俗语体转化;而通俗体用语一旦闲置(熟悉度减少,距离拉长)就开始降低它的口语度。这两种不同方向的语体运动都将导致"语体移位"。语体移位的直接后果就是原位的空缺,于是"语体空位"则应运而生。

语言外部的原因也能造成"语体缺位"的现象。在学术研讨会日见其盛的今天,学生、晚辈的公开讲演比以往任何时候都多。这就创造了一个原理没有的新型交际场景:长辈、同辈、晚辈同时出现的公开讲演。二十年以前内地很少有这种场景(一般都是晚辈听长辈的讲演),因此也没有适合该场景需要的语体表达。新场景的突然出现,作为口语单音节动词的"听"不切合这种新场合的需要,而旧有的"聆听"因为是"下对上的尊敬体",也不符合这种场合中资深教授"听"晚辈讲演的身份,(参崔希亮,2013)于是出现了语言上的"语体缺位"。汪维辉(2013)说:

> 也许由于语体需求的促动,在不久的将来会有一个跟'听'对当的双音词出现;或者'聆听'的台湾式用法被大陆接受,取得'听'的书面语对应词的合法地位,也未可知。我们拭目以待。

事实上,如果缺位有内外两种原因的话,那么不难想象,不仅中性语体的词有缺位,其他语体,如正式体、庄典体,也会有缺位(参冯胜利,2006附注①)。汪维辉(2013)所谓"非文化词"的"眼－眼睛、学－学习、多－众多"一类的单双对应词,实际上都是"应缺而生"的(正式)语体的用语。因此,我们认为语体"缺位"是新词产生的原动力! 而语体缺位的必然性,又帮助我们发现了新词所以产生的语言演变与社会演变的两种不同的动源。

根据上面的分析,我们不禁要问:古代文学语言的语体体系以及语体演变导致的语言演变又将如何呢? 首先必须承认,在古汉语的语体研究上,我们面临着很多具体的困难。最重要的是我们没有古人的语体语感。我们不仅缺乏对古代语言的一般的语感,也缺乏对不同年代的古代语言的"断代语感"(如对殷商、两周、秦汉、魏晋等时期的汉语的语法语感)。唐宋八大家用古文创作,因此我们不能否认他们确有古文的语感。① 然而,我们不能拿他们的作品来证明秦汉语言的发展。为什么? 因为他们不是当时的人,他们的古文语感是学来的,而不是自然生长的结果。语感有无的最大的不同就是语法合法与否的判断力的有无:只有说本土话的人才具备真实可靠的语法判断。这是我们研究古代语体以至整个古代语法的最大困难。因为我们无法起古人于地下让他们告诉我们哪句话可以说哪句话不合语法。不仅如此,如前所述,语体的体系和机制虽然相对稳定(即使我们不采用普世语法的理论),但是语体用语(内在因素)以及语体所从产生的古代社会(外在因素)都是不断变化的。因此,今天的"跟＞和＞与＞同"的正式度,在唐宋时代则不必如此;《孟子》里面"种"、"树"的两体分用,在殷商时

---

① 因此有人说唐宋八大家等的文学语言是"仿古文言",那是不了解语言、语体习得机制和能力。当然,说唐宋八大家等没有秦汉古人的语感是可以的,但说他们用来创作的文言是"仿古"则不可能。这里不仅关系文学研究也直接关系语言学的研究。兹事甚大,容另文专述。

期也未必其然。更何况古代方言之间也有类似今天"别(北京话)"、"勿(广东话)"的不同。其体系中不同要素的复杂交叉关系，有如下图2所示：

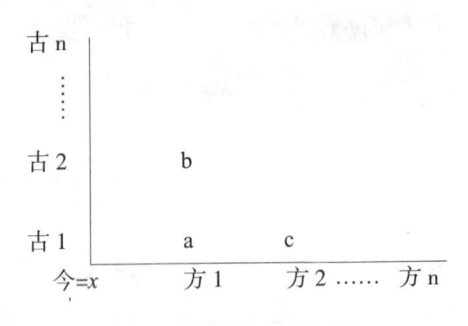

```
古n │
 ⋮  │
古2  │    b
古1  │    a      c
    └─────────────────────
    今=x  方1   方2 …… 方n
```

图2　语体时空性示意图

图2的纵向坐标表示时间（a、b代表同一方言中不同时代的语言），横向坐标表示地点（a、c代表同一时代中不同方言的语言）；这就构成了语体的时空属性。我们的问题是：如何预知、测定某一时代中某一方言里面的不同形式的语体属性？如何区别和验定不同时代、不同方言里语体现象的类型和转变？语感和资料的欠缺，无疑给古代语体的研究带来严重的挑战，造成巨大（如果不是不可逾越）的困难。这种困难的结果直接影响我们对古代文学作品的理解和欣赏：没有"语体文学感"！

困难是固然的，但这并不意味着我们寸步难行。事实上，有了可以推演和论证的理论体系，我们就有了研究的角度、方向和方法，尽管具体的材料和现象还有待发掘、收集、分类和概括。需知：任何科学的体系和成果（包括理论、对象、方法、条例等），都是一步一步地建立起来的。古代文学语言的语体研究也不例外。譬如我们已经看到这样的发现：

很多出土文献中出现的《诗经》'雅''颂'两部分中的文句，

第五章　语体的俗、正、典与《诗经》的风、雅、颂　　105

其实并非在征引诗句,而是两周时期,特别西周时代,周代贵族在其祭祀宴飨等类似宗教的活动中所形成的一些习惯用语,可称为'成语'、'成词'、'习语'、'套语'等。(陈致,2012:38)

事实上,王国维《与友人论〈诗〉〈书〉中成语书》、《与友人论〈诗〉〈书〉中成语书》(二)早已论及此类"成语"①。这些在具体的话语对象(祖宗、神灵)、话语场合(宗教祭典、享宾廷宴)以及话语内容(报功祈佑)中所用的"套语"和"成语"(语体),不正是两周、特别西周时期贵族所使用的"庄典体"的历史见证吗?② 换言之,上古的语体可以根据当时话语现象的语体鉴别要素来分辨、确定其语体的类别和归属。为清楚起见,这里把金文、颂诗中的成语语体的鉴定程序,初步列表如下:

(7)　语体鉴定标准 ⎧1. 对象→祖先、神灵　　　　⎫
　　　　　　　　　　　 ⎪2. 场合→宗庙、祭典　　　　⎪ 两周庄典体
　　　　　　　　　　　 ⎨3. 内容→颂功、祈福　　　　⎬ (金文、颂诗)
　　　　　　　　　　　 ⎩4. 态度③→虔肃、敬畏　　　⎭

虽然不是每一种古代语言现象都能像雅颂、金文一样,整齐地对应"语体鉴别体系中的每一要素",但上面的语体鉴别的"四要素"给我们提供了一个可行的策略和方向,使我们有一个可以具体操作的鉴别程序。当然,这并不意味着它是语体鉴别的唯一标准和系统,更完备、更可靠的要素和系统,将以此为起点不断更新和深入。

---

① 见《观堂集林》第一册,75-84页。
② 根据本文的理论,英文所谓 *Formulaic Language*(套语,见 Wang[王靖献],1974:41-43)同样可以看作是特定语体的表现。
③ 感谢储诚志、邱小燕提议增加"态度"一项作为语体不同的要素之一。需要注意的是:态度的背后或有目的因素,但目的不是态度的唯一因素。

5.4 古汉语"风、雅、颂"语体探源

根据上面的语体理论,我们现在来看"风、雅、颂"的语体内涵和来源。这里我们最关注的是语体鉴别标准中第四条:"语态(说话者的态度)",它是我们考证语体类型的重要线索。上文看到,颂诗属庄典体。庄典语体的典型语态或根本属性,是"敬畏"。换言之,说话者没有心中之"畏"就缺乏他表达上的庄典性。"畏",甲骨文"从鬼持扑";"鬼执扑"可会意为畏惧之"畏"。从甲骨文中的某些用例上可以见出所以畏惧的对象:

(8)"贞畏其囚"(《甲骨文合集》14173)

"畏"源于"有囚"——无论是"天降之祸",还是"不免之祸",只要对止祸、致祸的神灵心存畏惧则出语敬警。正因如此,在金文这种庄典体的出土文献中,我们可以看到大量的"敬畏"套语,既说明当时的文化,也看出该场合的语体。请看:

(9)西周早期:

今余唯令女盂绍荣敬雍德经。(《大盂鼎》)

王曰盂若敬乃正勿废朕命。(《大盂鼎》)

唯汝倓其敬夒乃身。(《叔趯父卣》)

西周中期

今癲凤夕虔敬恤厥死事。(《癲钟》)

西周晚期:

敬厥凤夜用粤朕身。(《逆钟》)

敬凤夜用事。勿废朕命。(《大克鼎》)

敬念王威不惕。(《毛公鼎》)

不难看出，上面金文中的"若敬乃正、敬义乃身、夙夕虔敬、敬乃夙夜、敬夙夜用事、敬念王，畏不易"等，不是简单的成语套句，而是当时的"敬畏文化"和敬畏语体的直接反映。这与《诗经》、《尚书》中的敬畏语体是一致的。比较：

(10) 敬之敬之！天维显思，命不易哉！无曰高高在上，陟降厥士；日监在兹。维予小子！不聪敬止？日就月将，学有缉熙于光明。佛时仔肩，示我显德行！（《诗经·周颂·敬之》）明明在下，赫赫在上。（《诗经·大雅·大明》）

敬天之怒，无敢戏豫。敬天之渝，无敢驰驱。（《诗经·大雅·板》）《注》："言当敬畏天之谴怒不可游戏逸豫驰驱自恣渝变也。"

穆穆在上，明明在下。（《尚书·吕刑》）

敬哉！天畏棐忱。（《尚书·康诰》）

"敬之敬之，天维显思"讲的是要"敬天"；"敬念王，畏不易"说的是"敬祖畏天"，亦即所谓"'君子敬则用祭器……以敬事其君长"（《礼记·表记》）。可见"敬"与"祭祀"、"敬"与"君长"，是直接相连的。那么，什么是"敬"？《说文·苟部》"敬，肃也。从攴、苟。"肃穆、紧敕，就是要"约束自己"。按："敬"与"警"同源，《说文·言部》："警，言之戒也。"《段注》："《廾部》曰：'戒，警也。'《小雅》：'徒御不警。'毛曰：'不警，警也。'《大雅》以'敬'为之。《常武》：'既敬既戒。'笺云：'敬之言警也，亦作儆。'"《说文·人部》："儆，戒也。"《段注》："与警音义同。……郑注《周礼》曰：'警，敕戒之言也。'"可见，敬、警、儆的义核都是"约束"和"敕戒"。在这种"肃戒、敬警"的心态下，对"缉熙光明"[①]"高高在上"的神灵的说话方式及所用词辞语，

[①] "缉熙"是典型的"典颂语"，如：《诗经·周颂·维清》"维清缉熙，文王之典"、《诗经·周颂·昊天有成命》"于缉熙！单厥心"、《诗经·周颂·载见》"俾缉熙于纯嘏"。

就是我们在金文和《周颂》里看到的"庄典体"。

在上述语体理论的分析下,金文和《诗经》中的"雅""颂"为什么有同样套语的原因也便迎刃而解。陈致(2012:37)说:"一、从两周金文来看,铭文的入韵和四言化是在西周中期,特别是恭王(公元前922—公元前900)、懿王(公元前899—公元前892)时期;二、两周金文中与《诗经》之《雅》《颂》部分的诗歌与此多相重合,这些多源于周人习用祭祀语词,而非金文引诗。"这的确是破的之论。然而,这里潜伏着一个重要问题:金文为什么没有《诗经》中"风"的习语呢?(参 Wang[王靖献]1974)为什么金文单单对"雅、颂"情有独钟,而对"风"却如此偏见呢?不从语体的角度来看这个问题,很难得出必然的结论。前文说过,"风"是民歌,是通俗语体(或音乐)的产物,它和庄典体的颂(或神曲),正式体的"雅"(国乐)不属同一性质。正因如此,祭奠国家大事时才能使用的青铜器及其上面的语言文字,就自然而然地和民间小曲分道扬镳。古人云:"国之大事,在祀与戎"(《左传·成公十三年》),而上古青铜多用于兵器(剑戟)与"祭器"(钟鼎)的制造,可见青铜的神圣地位。毋庸讳言,青铜器上面文字也必神圣无疑,所以金文文献语言归属庄典[1],而《诗经》中的国风民歌,自然就进不了如此神圣庄典的金文领域。

综上所见,古人对神灵态度是"畏",对君长的态度是"敬"。所以帛书《五行·第十二章·经》说:

---

[1] 据孟蓬生的研究,商代"其"和"有"并用,而以"有(屮、又)"多见。"有"到西周早期金文字形改换作"久",但不见"其"。西周中期以后"其""久"并用。于是蓬生兄提出:"商代出现的"其"为什么不见于西周早期金文,仍然是一个有待探讨的问题"。我们认为,如果"有(久)"是西周早期庄典语体代词,早期金文不见"其"就是自然的了。换言之,这个"有待探讨的问题"可能和语体有关。

(11)"不衰(远)不敬,不敬不严,不严不尊,不尊不[共],[不共]不礼。"

这里道出一个重要的语体规律:尊敬出于距离!如果和《荀子·礼论》对观,更可证明我们的"语体距离说":

(12)尔则狎,狎则厌,厌则忘,忘则不敬。

迩近的最终结果是"不敬",而"敬严"的前提是"远";彼此相反而相成,说的都是由"距离"决定的心理状态和彼此关系。这种"远近、敬狎"之间的对应关系,和语体理论的距离说,契如合符。有趣的是,在语体的这一前提下,我们可以进一步理解孔子"远鬼神"的深刻用意:

(13)子曰:"务民之义,敬鬼神而远之,可谓智矣。"(《论语·雍也》)

一般认为,"远之"是"远离鬼神"的意思。然而,根据语体理论以及在此基础上发现的古代史料,我们得知"远"在古人那里不仅是"敬"的前提,而且简直就是"尊"的代名词。因此,"敬鬼神而远之"的真正含义应该是:尊敬鬼神并使之在"不为狎玩、不受亵渎"的距离之上。显然,这和以往"远离鬼神"的理解很不一样,但这却与孔子一向主张的"祭如在,祭神如神在"(《论语·八佾》)的虔敬态度和行为冥合无间。我们猜想:"远"在古代可能是一个"礼仪"术语、和语体理论不谋而合。换言之,"敬鬼神而远之"的"远"和我们的语体理论的"距离说"适可相互发明。语体的背后是语态,因此有了上面这种"语体语态",才有孙诒让所揭明的语体的"雅"、"质"之别。请看:

辞有雅质,则区以别耳。……雅言主文,不可以通于俗;雅驯观古,不可以概于今。……国风,方语也,故易通;雅颂,雅辞也,故难读。故命诰之辞,与雅颂多同。

(孙诒让《籀庼述林·尚书骈枝序》)

其实,反映古代"方语"类的通俗口语远不只诗经的国风,散文亦然。最典型的中古口语材料可算《奏弹刘整》(截取于《文选》)。请看:

> ……范今年二月九日夜,失车栏子夹杖龙牵等,范及息逡道是采音所偷。整闻声,仍打逡。范唤问何意打我儿?整母子尔时便同出中庭,隔箔与范相骂。婢采音及奴教子、楚玉、法志等四人,于时在整母子左右。整语采音:其道汝偷车校具,汝何不进里骂之?既进争口,举手误查范臂。……
>
> (梁)任昉[①]

这里详细叙述了丢失'车栏子夹杖龙牵'等以后,范、息逡、采音、刘整几个人之间的纠纷。该文叙事非常生动,所记显然是当时口语,因为其中使用了大量的"动作动词(action verb)"如"失、道(说)、偷、闻、打、唤、出、骂、进、争、举、查"等,这就决定了这篇文字的叙述性:"动作动词+叙述"是口语语体的一大特征。根据前面提出的语体鉴定标准,我们可以进而推测:这段文字是奏奉庭审判官状子中原告的陈诉和证人的证词。告状文体可以千差万别,但是本篇奏弹以其内容的特点,决定了它的语体特性:叙述打架经过=口语语体。换言之,叙述一个事件的来龙去脉,不用具体的时空表达(时态标记、方式状语、地点状语等口语语法"形式—功能"的匹配形式)[②],是难以达到的;而时空表达的具体化本身就是口语语法的基本属性。因此,《奏弹刘整》的内容和形式,决定了它口语语体的基本特征。不仅如此,我们还可以从作者的"语态"上,测知他忠

[①] 当然,也有人认为"今人所见到的《奏弹刘整》一文已不复是萧统《文选》原貌,亦非任昉别集之原作"(见王翠红《文选集注·奏弹刘整》发微,《天中学刊》2011-01)。这里只就现有的文字而立论,不关考源。

[②] 参冯胜利(2012)"语体语法:形式功能对应律的语言探索"。

实口语的意图和原则。弹劾文字需提供"实情"才能取信判官(其中的"实情"究竟属实与否则是另一回事)。以"实情"取信判官的意图和方式,则足以防止老道的奏弹作者滥用修辞致使画蛇添足而"失真"无信。因此我们对任昉的《奏弹》作出如下的分析:

(14) 对话者 → 庭审官
　　　场合　 → 法庭前某处
　　　内容　 → 人事纠纷、打架经过　　　〉南北朝**口语体**(奏弹)
　　　态度　 → 提供"实情"取信判官

由此可见,经过具体的语言分析,语体类别是可以鉴定的。当然,特殊文体的"语体特征"(如《奏弹刘整》)相对容易判断和把握,一般文章,如先秦的散文,是否也可以鉴定其语体特征和作者风格呢?应该指出,虽然很多学者对古代汉语的口语现象做出过多方面突破性的研究(参吕叔湘、任学良 1982;太田辰夫,1991;胡敕瑞,2013;汪维辉,2013),对古汉语语体的系统研究及历代语言现象的语体标注,尤其是它们的文学作用,仍然还是一个全新的领域。尽管如此,我们在以往的研究中还是发现很多具有开创性和启发性的尝试。除了前面看到的陈致(2012)等的研究外,这里最引起我们关注的是薛凤生(1998:67—68)提出的口语特征:

> 先秦诸子散文所使用的语言形式是高度口语风格的形式[①],如短句子很多,有大量的"无主句"(即单用谓语的小型句),主谓句中的主语和谓语多以松散的"话题"与"说明"成分相互搭配,句首或句末常用语气词标记说话的口吻,这些特征依然留存在现代汉语口语中。(引自刘承慧,2011)

---

① 当然,正如维辉兄所见告:"诸子各家语体风格并不相同,如《荀子》就很典雅,而《韩非子》则很俗白,不可一概而论。"兹事甚大,为来日重大课题。

什么是"口语特征"？口语特征有哪些？这些是语体关注的重要问题。在这个问题上，薛凤生（1998）的研究可谓领风气之先。此后刘承慧（2012）的研究更具体地总结出古代散文中不同的口语特征。如小型句（话题-说明句）、结构松散（长句内部）、多语气词等"都是活跃于先秦口语的句式原则"。（2012:213）如果我们把薛和刘的研究放在语体语法的框架里，那么可以引发出一系列的问题：

(15)(a)除了薛、刘所列的口语特征外，还有哪些句法特征是口语特征？①

(b)非正式口语语体除了句法结构上的特征外，哪些是词汇上的特征？我们能否鉴定出古代口语的语音特征？

(c)哪些是两周的口语语体、正式语体、庄典语体的句法特征和词汇特征？

　　1)哪些是两汉的口语语体、正式语体、庄典语体的句法特征和词汇特征？

　　2)哪些是魏晋的口语语体、正式语体、庄典语体的句法特征和词汇特征？

　　3)哪些是隋唐两周的口语语体、正式语体、庄典语体的句法特征和词汇特征？

　　4)以此类推，以至于今。

(d)哪些是跨时代（普世性）的口语语体、正式语体、庄典语体的句法特征？有没有跨时代的词汇特征？②

---

　　① 胡敕瑞在《汉魏时期的文言与白话——兼论汉语史口语语料的鉴定》（载于《汉语书面语的历史与现状》）一文中总结出中古汉语十五条文白差异，可以参看。

　　② 正如维辉兄所见告，像"人、山、水、鱼、手"一类的基本单音词，可能就是跨时空的通用体词汇。

(e) 如上的各类语体特征在不同时代文学作品中是如何反映的、如何变化的？

所有这些问题都是在语体理论的体系和构架中推演出来的关键问题，都是需要不断深入研究的新课题。

当然，不仅具体语法格式和词汇形式可以从语体的角度来研究，古典文献的历史和类别也可以从语体的角度来研究。譬如甲骨文，如果我们在甲骨文中找不到"意同而体异"的对应表达式，我们很难排除"甲骨语言"的"庄典性"（语体语言）[1]。金文、《诗经》中的雅和颂，《尚书》中的命和诰，无疑都是庄典体[2]。《国风》是通俗体[3]、但《史记》比《汉书》更口语（参梅思德，2013）、而赵岐《孟子章句》的"章句体"则介乎"文""俗"两者之间[4]。凡此种种，都给古典文学的语体研究开辟了新的研究视角。

5.5 文学语体研究的新天地

美籍中国相声演员莫大伟说：我们的语言（English）里没有书面和口语的区别。[5] 不管他说的是不是事实（恐怕只是量的不同

---

[1] 洪城先生说："语言形式简单，千篇一律，没有长篇叙事，没有长篇议论，运用的词汇有限。……句子的定语贫乏，形容词少，复合句少，没有象声词和叹词。这都是由于卜辞的性质和文体所决定而产生的必然现象。"（《关于汉语史材料运用的问题》载《洪城文集》第99页）此言极是，甲骨文中没有"疑问代词"的事实，就是一个非常重要的语体限制。

[2] 孙诒让《尚书骈枝序》："命、诰之辞与雅、颂多同。"

[3] 孙诒让《尚书骈枝序》："国风，方语也，故易通；雅、颂，雅辞也，则难读。"

[4] 注意：文章或演讲因修辞和作者本人的风格、习惯所造成的不同，虽与语体相关，但属语体规则之外的使用现象，当分别研究。

[5] 取自2013年4月22日CCTV-4《文明之旅》节目《书信的学问》上的发言。

而不是质的有无),汉语语体的三分和作用不仅是非常明显的,而且古今皆然。这一点可以说是汉语的特点,因此也是汉语文学的特点。而《诗经》的风、雅、颂既是语体又是文学,它给我们的"文学语体"的研究开辟了一个新的天地。

语体既是语言的功能,又是文学的手段,因此更是我们研究和认识语言和文学不可或缺的窗口和途径。本章只从"诗经"的分体以及上古汉语的文献上,为语体理论的"三维分体说"找到它的历史根据和文学源头。其意义还不止于此,如果《诗经》的风、雅、颂和我们语体理论中的俗、正、典同是语言交际和使用中"同一机制的不同表现"的话,那么不仅文学语体的理论可以得到确证,更重要的是它还为我们提供了一个综合研究古代语言、宗教和文化的新的理论工具。事实上,本书理论的一个自然推演是:音乐、服装、建筑、绘画等艺术形式,同样遵循语体三分的内在机制和理路——文学语体函预之大,非跨学科、跨领域的研究不足以玉铸其成。

本章思考题:
1. 举例说明语体上"通俗、正式、庄典"三分的文学意义。
2. 为什么说《诗经》中的"风、雅、颂"和语体上的"通俗、正式、庄典"是"同一机制的不同表现"?
3. 《诗经》分"风、雅、颂"的语体意义是什么?
4. 举例说明语体的通俗、正式、和庄典是如何实现为文学手段的。
5. 如何通过语体的"俗、正、典"来理解音乐、服装、建筑、绘画等艺术形式中的"语体(风格)"差异?

第六章　韵律系统的改变与二言诗体的消亡

6.1　远古单音节音步的例证

　　《诗经》风、雅、颂的语体属性告诉我们:语体是研究古典文学的必经之路。然而,古代诗"体"的建立不仅有语法,更重要的是语音,是所谓"言之不足故嗟叹之,嗟叹之不足故咏歌之"的自然节奏和韵律。当然,由于资料缺乏和目前研究的局限,我们无法确知上古韵律系统的真实情况。尽管如此,仅就现有的资料和目前的研究,我们仍然可以推知上古韵律与后来系统的不同。根据这些不同,我们不仅可以挖掘出远古汉语韵律上的一些重要特征,同时还可以把我们熟知的许多表面毫不相关的离散现象联系起来,得到一个统一的理解和解释。本章即在前人和今人对上古韵律类型的考据基础之上,为古代韵律诗体的研究奠定一点韵律的基础。
　　首先,和古代诗歌研究直接相关的问题是远古汉语的单音节是否可以自成音步。这是汉语上古语言文学上的首要问题,因为古代文学的研究一直在"双音化"的笼罩之下,如果单音节可以自成音步,那么上古汉语就不是"双音化"的一统天下。本章的考证告诉我们,上古汉语不仅不是双音化的一统天下,更早的时期(西周以前)可能是单音节音步的时代。下面我们就从语法、词汇和焦点重音等方面入手,发掘远古"二言诗"在韵律音系上的一些历史证据。

先看句法。我们知道,疑问代词前置是先秦汉语的一条规则,因此"宋有何罪"必须说成"宋何罪之有"。照理说,根据疑问代词前置的规则"宋有何罪"转换成"宋何罪有"并不非法。然而,周秦汉语不见如此说法。为什么非在"何罪"后面、"有"的前面加上一个"之"字呢?显然这个"之"字在句法上是多余的,没它句子理当照样合法,譬如:

(1) 何城不克?(《左传·僖公四年》)

何事能治?(《国语·晋语》)

隹(唯)黍年受。(《甲骨文合集》9988)

唯余马首是瞻。(《左传·襄公十四年》)

为什么"何城不克"、"何事能治"就不必"之"字的帮助呢?甲骨文中"唯黍年受?"极为普遍(参张玉金,2001:216),而后来"唯余马首瞻"则不合法。这都说明远古的韵律和后代截然不同。我们稍加比较,即可明了:

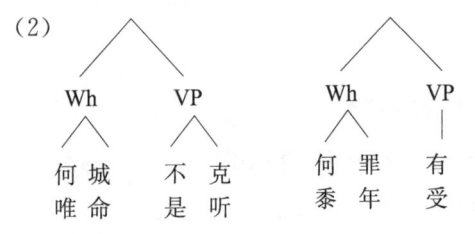

(2)

```
      Wh    VP           Wh    VP
      /\    /\           /\    |
     何 城 不 克         何 罪  有
     唯 命 是 听         黍 年  受
```

如果 VP 下面是双音节成分(副词+动词或 X+动词),那么就不必"之"的出现。一方面是可有可无,一方面是绝不可无。两相比勘,其法自现:VP 下面不容单音。为什么 VP 下面不容单音呢?换言之,为什么双音节就可以,单音节就不行呢?这无疑是韵律问题,所以无关韵律的其他解释都不是"内因"的所在。从韵律上说,单音不行的原因是单音站不住,单音站不住的原因是单音不能构成一个音步。如此看来,到了春秋战国,单音不足构成一个音步的规律已然出现。这一点很重要,它一方面说明为什么当时以至于后来的语言里"语助词"的逐渐起用,另一方面也说明了所谓的"双音化"由何而来。

然而,值得注意的是,此前的汉语并非如此。俞敏先生解释"我""吾"的区别可以作我们上古韵律系统和秦汉以后类型不同的最好说明:

> 那么"吾丧我"的分别到了(liǎo)儿是怎么回事呢?……先看看这两个字在《孟子》里用在语丛里的地位怎么样。照我看,"吾"跟"我"两个字儿的分别可以拿两句话包括:"吾"向来不用到语丛的尾巴上,"我"可以,比方"非我也"。凡是对比重念的地方儿,全用"我",比方"尔为尔,我为我","彼以其富,我以吾仁,彼以其爵,我以吾义"……这一类的。咱可以看出来:"吾"和"我"的分别纯粹是个声音问题:凡在语丛尾巴上的,或者有对比的,一定念得重,所以是 ŋad。凡后头还有别的字的,因为往往念得轻,所以写的时候儿把收尾音忽略了,就是 ŋa。

(《俞敏语言学论文集》137页)

事实上,"吾"、"我"的轻重之别并非俞敏先生的独撰,章太炎早有言曰:

> 《祭统》之"若"正当训"汝",言"汝"、言"若"、言"乃",其义悉同而语势轻重有异,犹一句错见"吾、我"二字尔。

太炎先生的"语势轻重"也有历史的因承:段玉裁在《说文解字注》中说:

> 《论语》二句而"我""吾"互用,《毛诗》一句而"卬""我"杂

称,盖同一我义而语音轻重缓急不同,施之于文,若自其口出。

(见《说文解字注》"我"字下注)

从"语音轻重"(段玉裁)到"语势轻重"(章太炎),从"语势轻重"再到"'吾'和'我'的分别纯粹是个(ŋa 与 ŋad 的)声音问题"(俞敏),可谓由古至今,一脉相承。但俞先生说得最明确:"'吾'和'我'的分别纯粹是个声音问题",因为"凡在语丛尾巴上的,或者有对比的,一定念得重"。念得重的是"我",拟为 ŋad;念得轻的是"吾"拟为 ŋa。这轻重之别只在有无韵尾。俞先生的说法得到当代韵律句法学的支持,因为句子的核心重音在句末;此外,对比成分也要重音;所以"语丛尾巴上的,或者有对比的,一定念得重"正合普遍语法的要求。问题是,如果 ŋad 要是比 ŋa 重的话,那么当时的汉语就是语言类型上所谓的"韵素敏感型"语言。"韵素 mora"指的是韵母的构成要素,如:"kan"里的"an"是两个韵素,"ba"里面的"a"是一个韵素。有的语言对韵母中韵素的多少有韵律音系学上语感,这种语言就叫韵素敏感型语言,而韵素敏感性语言是以韵素为单位来建立音步的,这种音步可以是单音节音步。显然,这和后来"双音节化"的汉语韵律全然不同。双音化的语言的韵律单位是音节音步,比如今天的汉语。正因如此,今天说汉语的人感觉不到"ba 疤"和"ban 瘢"哪个重,尽管瘢[an]比疤[a]多了一个韵素"n"。这说明,以双音节为音步的语言没有韵素的语感。反过来说,如果韵素在该语言中有"多则重,少则轻"的效应,那么这个语言就是以韵素为单位的音步系统。这是韵素理论的一般规律(参 Hayes 1995)。因此,如果"吾"和"我"以韵素多少为对立,那么这说明当时的语言是"韵素音步"的语言。我们知道"音节音步语言"和"韵素音步语言"的系统截然不同;我们还知道春秋战国以后,双音化的趋势日强一日,因此如果说韵素音步在当时(春秋战国之际)还有表现的话,那么只能说他是旧体系的代表和残留。一言以蔽之,"吾"与"我"有无韵尾的轻重对立揭开了远古汉语的韵素音步之谜。

道不孤,必有邻。继俞敏之后,潘悟云(2000:279—313)、郑张尚芳(2003)、高岛谦一(1999 及该文注释[34—38])等学者,相继发现下列成对儿同义词中的强调式同样都多一个韵尾辅音。[①] 譬如:

(3) 弱音节/一般式　　　　　强音节/强调式

如[nio]　　　　　　　　若[niak]

何[gʻa]　　　　　　　　曷[gʻat]

胡[gʻo]　　　　　　　　恶[ʔak]

有[wjə?]　　　　　　　或[wjək]

吾[ŋa]　　　　　　　　我[ŋal]

汝[njǎ]　　　　　　　尔[njěl]

夫[pǎ]　　　　　　　彼[pǎl]

我无尔诈,尔无我虞。(《左传·宣公十五年》)

尔爱其羊,我爱其礼。(《论语·八佾》)

更进一步的发现告诉我们,远古汉语可能是一种韵素敏感性语言,其韵律系统和后代具有类型学上的差异。下面我们就从大量的事实中,择其要者而说明之。

6.1.1 "鱼"轻"歌"重(乎:邪)

在迄今所发现的上古早期语料中,最可见出韵素轻重的是

[①] 当然,不同的拟音系统可能有不同的结果。譬如"吾"和"我",高本汉拟作/ŋo/和/ŋa/,俞敏拟作/ŋa/和/ŋad/,潘悟云拟作/ŋa/和/ŋal/,郑张尚芳拟作/ŋaa/和/ŋaal?/,等等。这里我们取多数的最新意见。此外,入声字均有韵尾辅音则诸家所同。感谢匿名审稿人的意见。

"歌""鱼"两部的对立。譬如,上古汉语中"乎""邪(耶)"都可用为疑问助词。如:

> 不知人杀乎,抑厉鬼邪!(《国语·晋语》)

然而,人们很少注意到,"也"也可以作疑问词使用,譬如:

> 抑刑戮也,其夭札也?(《国语·鲁语》)
> 不识臣之力也,君之力也?(《韩非子·说难》)

从下面语境中的"乎""也"对举上更可看出"也"字疑问用法的:

> 敢问天道乎,抑人故也?(《国语·周语》)

无疑,"乎""邪""也"三者在并列选择疑问句中的功能上是相同的。然而,令人不解的是这三个词在并列使用时,有先后的次序不同,譬如:

> 不知人杀乎,抑厉鬼邪?(《国语·晋语》)
> 子岂治其痔邪,何得车之多也?(《庄子·列御寇》)

就是说,"乎"和"邪"一起使用,"乎"在前,"邪"在后;"邪"和"也"一起使用,"邪"在前"也"在后;"乎"和"也"一起使用,"乎"在前"也"在后,形成一个前后顺序链:

> 乎←邪←也

到了秦汉时期,这种次序就固定在了"……邪……也"的格式上,如:

> 然则斗与不斗邪,亡于辱之与不辱也,乃在于恶之与不恶。(《荀子·政论》)
> 不知天下之弃鲁邪,抑鲁君有罪于鬼神故及此也?(《左传·昭公二十六年》)
> 公以为吴兴兵是邪非也?(《史记·淮南衡山列传》)
> 知其巧佞而用之邪,将以为贤也。(《汉书·眭两夏侯京

第六章 韵律系统的改变与二言诗体的消亡

翼李列传》)

今欲使臣胜之邪？将安之邪？(《汉书·龚遂列传》)

"邪"是鱼部字，"也"是歌部字，是否歌部字一定要在鱼部字之后呢？下面的例子告诉我们，在上古汉语里，一定如此。

傅奕本　是其以贱为本也，非欤。

帛书甲　此其贱□□与？非也？

帛书乙　此其贱之本与？非也？

传世的傅奕本中的次序是先歌部字(也)后鱼部字(欤)。这似乎是违背了上面"先鱼后歌"的规律；然而，与之对应的出土文献则是先鱼(与)后歌(也)，体现出早期规律的作用。对此，我们不禁要问：为什么会有"鱼先歌后"的格式呢？我们知道："乎""邪"和"与"都是鱼部字，"也"是歌部字；正如俞敏上面说的："凡在语丛尾巴上的……一定念得重"(见上文)；那么是不是歌部韵比鱼部韵重，因此歌部字则位居句尾而殿后呢？怎么知道鱼部字和歌部字的重量呢？先看一下有关这两个韵部的上古拟音：

	高本汉	王力	俞敏	李方桂	白一平	郑张尚芳	潘悟云
鱼部 乎	g'o	ɣa	ga	gag	ga	g-aa	glaa
欤	di̯o	ʎia	ra	rag	lja	la	la
耶	di̯o	ʎya	ra	riag	lja	laa	la
歌部 也	-ɑ	-ai	-ar	-ar-x	-ɑj-?	-aal-?	-aal-?

上面每家所拟的鱼歌古音都不尽相同，那么如何断定"鱼""歌"两部孰重孰轻呢？我们知道，韵母中的韵素在语音学上有响度的级差，亦即双韵素强于单韵素、元音强于辅音；而元音之间和辅音之间也有等级不同的强弱之别。请看：

The Sonority Scale 响度等级序列(Hogg & McCully, 1987:33)

low vowels＞mid vowels＞high vowels＞flaps＞laterals＞nasals＞voiced fricatives＞voiceless fricatives＞voiced stops＞voiceless stops

低元音＞中元音＞高元音＞闪音＞边音＞鼻音＞浊擦音＞清擦音＞浊塞音＞清塞音

对照上列学者的古音构拟和上表的语音响度级差，我们不难看出，所有的古音构拟都无一例外地是鱼部韵母轻于歌部韵母——要么是韵素的数量少、要么是响度的级别低。由此可见，"乎、欤、邪、也"在使用中的先后次序，是由它们自身的韵律分量所决定的，亦即轻者居前，重者在后。

不仅疑问助词可以看出前轻后重不同，我们发现提顿词"者/也"（鱼歌二部）的前后对立也是韵律作用的结果。请看：

古者，冠缩缝，今也衡缝。（《礼记·檀弓》）

古者民有三疾，今也或是之亡也。（《论语·阳货》）

王引之在《经传释词》里提出：上文中的"者"和"也"均属同一性质的顿叹语。当代学者（如杨伯峻）也称"者"为语气词。钱熙祚在表彰王引之的贡献时把王引之的发现称之为"因互文而知其同训者"。然而，为什么古人可以说"古者……今也……"，但是却没有"今者……古也……"的说法呢？以前的学者没有提出这个问题，今天看来，其根本原因就是鱼部字在前，歌部字居后的韵律所致（详论见下文）。如前所示，古音构拟的结果虽然卓然成家者均各有所本，但彼此并不雷同。尽管如此，值得注意的是，大家给"也"构拟的韵素，几乎无一例外地多于或响于"者"的构拟。请看：

古音构拟所表现出来的"歌重鱼轻"的一致性[①]

高本汉　王力　俞敏　李方桂　白一平　郑张尚芳　潘悟云

---

① 注意，声母和介音不参与押韵，所以它们不计算为韵母分量的单位，下同。

第六章 韵律系统的改变与二言诗体的消亡

鱼部 者 ɕiǎ　　tɕy-a　tj-a　　tji-ag-x　tj-a　　tj-aaʔ　kli-aʔ
歌部 也 -ɑ　　-ai　　-ar　　-ar-x　　-ɑj-ʔ　　-aal-　　-aal-ʔ

高本汉是"ǎ/ɑ"、王力是"a/ai"、俞敏是"a/ar"、李方桂是"ag/ar"(注意:/r/(闪音)比/g/(塞音)重)、白一平是"a/aj"、郑张尚芳是"aa/aal"、潘悟云是"a/aal"。

我们虽然不知道"也"的元音究竟是"多"于"者"还是"响"于"者",或是两者都有,但是我们可以肯定的是:韵律上,"也"比"者"重。这就是"者""也"对举时"也"必居后的原因所在。

6.1.2 对"职"轻,对"之"重的"鱼"部字

如果说上古汉语中只有鱼歌两部有轻重之差,那么仍然不是该语言对韵素级量敏感与否的音系整体的问题。相反,如果鱼歌两部的轻重反映的是当时整个音系的属性的话,那么其他韵部之间的韵素级差也会发生同样的轻重不同。事实正是这样。请看:

> 虽有不恃隐栝而有自直之箭,自圜之木,良工弗贵也。何则?乘者非一人,射者非一发也。(《韩非子·显学》)
>
> 自通士若太史公亦以为然。余谓之:否!何则?前圣后圣,未必相袭。(《新论·正经》)
>
> 蝮蠚手则斩手,蠚足则斩足。何者,为害于身也。(《史记·田儋列传》)
>
> 冠虽敝,必加于首;履虽新,必关于足。何者,上下之分也。(《史记·儒林列传》)

语义上,上文中的"何者"和"何则"表面看来似乎没有任何差别,其实不然。"何者"的用法是顺其理而问,"何则"的含义是逆其情而

问(参其上文"良工弗贵也,何则";"余谓之否,何则"即可知);所以"者"轻"则"重(语气、韵律浑然一体)。不仅如此,就韵素而言,除了李方桂的拟音以外,其他学者的拟音均无一例外地表现出"者"轻"则"重的构拟关系。请看:

古音构拟中所表现出来的"职重鱼轻"的一致性

	高本汉	王力	俞敏	李方桂	白一平	郑张尚芳	潘悟云
则	tsək	ts-ək	ts-ək	ts-ək	s-ək	ʔs-ɯɯg	sk-ɯɯg
者	ɕiǎ	ɕy-a	tj-a	tji-agx	tj-a	tj-aa-ʔ	klj-a-ʔ

除了李方桂是"ək/ag",因此"则"比"者"轻(/k/清塞音比/g/浊塞音轻)以外,高本汉(ək/ǎ)、王力(ək/a)、俞敏(ək/a)、白一平(ək/a)、郑张尚芳(ɯɯg/aa)、潘悟云(ɯɯg/a)的拟音,都是"则"重于"者",因为"则"是入声,比阴声"者"多一韵素的缘故。

理论上说,不仅阴入有轻重的表现,和"则"同属一个韵核的阴部字(亦即"之"部),在和鱼部比较的时候,也可以从上面的拟音体系中推出它们有轻重的不同之差,不过这里的结果是"鱼"重"之"轻。事实上,"之/诸"(之鱼二部)的弇侈之差正好对应他们在做宾语时的语义之差。譬如:

王庶几改之!王如改诸,则必反予。(《孟子·公孙丑下》)
其子不忍食诸,死于穷门。(《左传·襄公四年》)
及将归,杀而与之食之。(《左传·昭公二十三年》)
秋,公至自齐。迎者,行见诸,舍见诸,先至,非正也。
(《穀梁传·庄公二十四年》)

"改之"相当于"CORRECT it"重音在"CORRECT(改)"。而"改诸"则相当于"correct THAT"重音在"THAT(诸)"。"诸"最早是"之+乎"的合音,但是这里可能已经融合为一个重音型宾语代词,用于强调。语义强调,语音加重,此自然之理。显然,这里"鱼部"

的"诸"是重音的载体,因为和"诸[a]"相对的"之"是[ɯ];[ɯ]比[a]弱,所以"鱼""之"对比,在响音等级序列上显然是强比弱([a]比[ɯ])。不同学者的古音构拟也一致地反映出这种强弱的差比关系。请看:

古音构拟中所表现出来的"鱼重之轻"的一致性

	高本汉	王力	俞敏	李方桂	白一平	郑张尚芳	潘悟云
者	ɕiɔ	ɕy-a	tj-a	tji-agx	tj-a	tj-aa?	klj-a?
之	tiəg	ɕiə	dʑ-ə	tj-əg	tj-ə	tj-ɯ	kj-ɯ

由上可见,"鱼"部字对"职"为轻,但对"之"则为重。显然只有从韵律的韵素分析上才能看出其中的体系来。

由上可见,不仅歌、鱼二部如此,其他韵部之间的韵素之差,似乎也表现出轻重的对立。前面看到,韵母中的韵素在语音学上具有响度的等级。据此,如果上古汉语的韵律以韵素多少为计量(后代以音节多少为计量)、亦即其轻重长短以韵素及其响度为计算单位的话,那么上古汉语的韵律也应当以元音长短和响度为计量(《春秋公羊传·庄公二十八年》《春秋》伐者为客"汉何休注:"伐人者为客,读伐,长言之"或是其反映)。如果事实果真如此,那么上古汉语韵部之间的轻重关系就有如下诸多的可能:

(4)(a)上古韵部(二十八部或三十部之间)当有强弱之别;

(b)上古韵部(二十八部或三十部之间)必阴弱阳强;

(c)上古韵部(二十八部或三十部之间)必阴弱入强;

(d)上古韵部(二十八部或三十部之间)必入弱阳强;

如果我们算出诸家构拟的各部韵母的"韵素公约量"(譬如歌部韵素的公约量为"双韵素"而鱼部韵素的公约量为"单韵素"),那么我们还可以推出阴声与阴声、阳声与阳声以及相应的入声与入声之间的韵律等级。譬如，上古阴声韵部之间的强弱关系可以有如下强弱等级之差（'＜'表示'弱于'；介音的作用不在此讨论）：

甲　a　　模部 ＜ai 歌部

乙　ə/ɯ　哈部 ＜e 齐部

丙　ə/ɯ　哈部 ＜a 模部

当然，进一步发掘和证实上古韵素系统的研究是将来的工作，而上古韵素音步的存在，为我们开辟了一条"发掘现象、检验理论"的新领域，同时也给我们上古文学的研究打开一个新窗口。

6.1.3　驳句法语义说

根据上面的例子，我们看出不同韵部的字有韵素的对立。然而，这些对立是不是由其他因素造成的结果，而不是韵素多少的产物呢？譬如"古者冠缩缝，今也衡缝"中的"者"与"也"之间的对立，是否和"歌""鱼"的韵律轻重无关，而纯粹是一个句法语义的分别呢？有的学者在批评王引之时就曾提出："古者的'者'……有的学者（如杨伯峻）也称之为语气词，但无论如何，还是不能说'古者'的'者'等于'也'"。（蒋绍愚，1997）就是说，"者"和"也"是词汇与意义的区别，不是一个词的不同读法和用法。因为"'古者'义为'古时候'，'者'毕竟还是有所指的；而'今也'的'也'只表示语气的停顿"；所以"《檀弓》里面的'者'和'也'不能互换"（同上）。我们知道，在先秦典籍中"古者…今也"的形式很常见，而"古也…今者"的形式可以说是看不到的。如果真的是这样，那么不但钱熙祚表彰王引之"因互文而知其同训者"的贡献成了问题，我们这里说的"者轻也重"观点也难以成立了。

第六章 韵律系统的改变与二言诗体的消亡

然而,事实证明我们的分析是正确的。首先,先秦不仅有"古者"的表达方式,同时也有"古也"的说法。譬如:

孔子既得合葬于防,曰"吾闻之,古也墓而不坟。"(《礼记·檀弓》)

仲尼曰:"古也有志:'克己复礼,仁也。'"(《左传·昭公十二年》)

不难看出,其中的'古也'指的就是'古时候',可见,先秦诸子中的"古者"和"古也"均可以指"古时候",可互换为用。不仅如此,下面的例子更能说明问题:

往也薪见我,今也又薪见我。(《庄子·田子方》)

往者博士《书》有欧阳,《春秋》公羊……(刘歆《移太常博士书》)

向也不怒而今也怒,向也虚而今也实。(《庄子·山木》)

众罔两问于影曰:"若向也俯而今也仰,向也括而今也被发,向也坐而今也起,向也行而今也止,何也?"(《庄子·寓言》)

古者冠缩缝,今也衡缝。(《礼记·檀弓》)

古者民有三疾,今也或是之亡也。(《论语·阳货》)

孩提之童无不知爱其亲者(旧本皆如是,监本'者'作'也'。王引之谓"乃后人所改"。),及其长也,无不知敬其兄也。(《孟子·尽心上》)

上面的例子充分说明:"……也……也"和"……者……也"所表达的意思一样。如果"古者"和"古也"(《檀弓》、《左传》)的用法一样,"……也……也"和"……者……也"的用法也一样,那么我们自然就可预测上古所谓"×者"就是"×也"。事实正是如此,请看:

向也见客之容而已,今也见客之志。(《吕氏春秋·观世》)

向者见客之容,而今也见客之意。(《晏子春秋内篇·杂上》)

这里"向者"就是"向也"。我们不能用今天的语感(即使是今人的文言语感也是隔代语感)来代替古人的语感(参第五章和第九章),就如同我们不能用今天"诗感(隔代诗感)"解释古人的"诗感"一样。上面的最小对立形式告诉我们,古人的"……者……也"就是"……也……也"。那么最后的问题是:为什么上古只有"……也……也""者……也……"而不见"……也……者"的次序呢?换言之,如果语义和句法上"者"兼具"也"的顿叹功能,何以语法只允许"……也……也""者……也……"而不允许"……也……者"呢?这种"三缺一"的事实迫使我们只能从韵律上来解释,才能恰然理顺。就是说,"者……也"所以不见倒置使用者,是因为重者居后的规则所致。如果歌部重于鱼部,那么自然"也"就重于"者",于是只能是"者/a/……也/ar/……"而不能"……也/ar/……者/a/"。

由此看来,尽管"者"和"也"在其他地方确有语义和语法的不同,但在"古者……今也"这一个格式和语境中,其用法却是相同的——《吕览》和《晏子春秋》中"向者、向也"的最小对立成分最能说明问题。如果是这样,那么就很难否认语音轻重决定其先后次序的本质所在;不然的话,我们无法解释为什么两个不同的形式在语义上可以互换,但在先后次序上不能互换的原因所在。事实上,这种义同而音不同的排序条件的存在,本身就说明是韵律而不是语义在这里起决定的作用。

6.1.4　驳形态语缀说

上文还说到很多对应形式具有"音重"则"义重"的对应规律,如"何者"的强调式是"何则";"改之"的强调说法是"改诸";"汝"的

第六章　韵律系统的改变与二言诗体的消亡

强调形式是"尔"以及"吾"的对比形式是"我"等等。对此，有人怀疑这可能是上古汉语韵素语缀（或语音形态标记）的结果，亦即，加上语缀的音节，增加了信息，也随之增加了音量；而不带语缀的音节就显得相对较轻。如果是这样的话，那么"音重"则"义重"的对应，就不是韵素多少的结果，而是有缀无缀的原因。当然，上古汉语确有"韵素语缀"的存在。譬如使动前缀"*s-"就是其例。譬如：

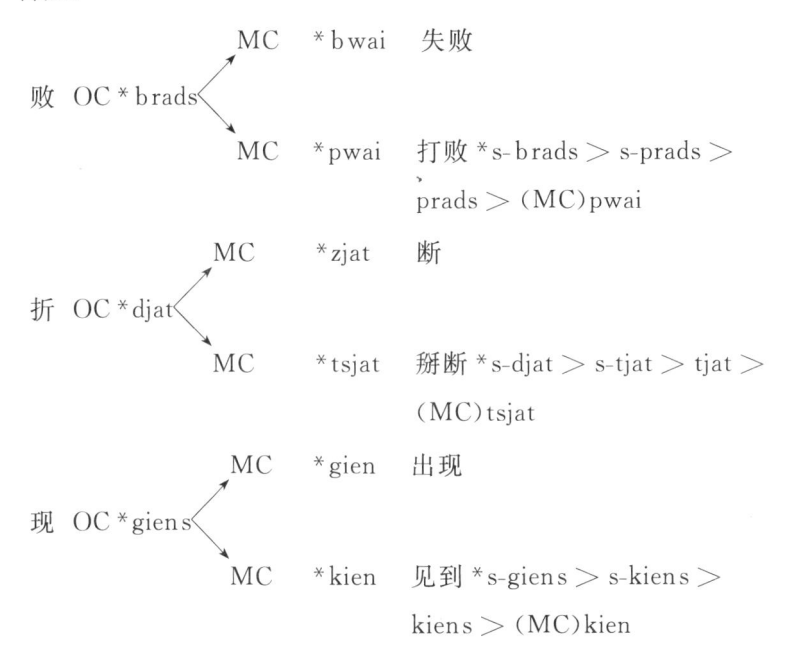

败　OC *brads
 ↗ MC *bwai　失败
 ↘ MC *pwai　打败 *s-brads > s-prads > prads > (MC)pwai

折　OC *djat
 ↗ MC *zjat　断
 ↘ MC *tsjat　掰断 *s-djat > s-tjat > tjat > (MC)tsjat

现　OC *giens
 ↗ MC *gien　出现
 ↘ MC *kien　见到 *s-giens > s-kiens > kiens > (MC)kien

但是，上古存在韵素音缀的事实并不证明上古汉语的韵素不能同时具有韵律上的轻重功能。事实上，虽然上古韵素音缀的可能已被证实，但是用上古音缀的存在来否定上古韵素的韵律功能，是很难奏效的。这里有两个问题特别值得注意。

第一，词缀说无法解释为什么轻和重的差异表现为不同韵母之间的差异；

第二，词缀说无法解释为什么某一韵部的轻或重要取决于它和其他韵母的比较才能成立；

这两点都是事实，而加缀说无法解释这类事实的存在及其存在的原理。

就第一点来说，词缀说无法解释为什么歌部的韵母重于鱼部韵母。显然，如果说"汝尔、吾我"是用鱼部 *a 加' *-i'或' *-l'（变成歌部 *ai/ *al）来实现的代词形态的替换的话，那么"……者……也"也能用形态交替来解释吗？"……邪……也"也是形态交替吗？前者是叹词，后者是疑问词；它们没有意义和形态上的不同，但是却有鱼部和歌部的选择以及先后次序的不同。形态说无论如何解释不了这种"义同音异的选择及其排序格式"，然而，韵律说却可以解释表面看来是形态的"汝尔、吾我"的句法分布，实际是韵律轻重在起作用（宾语重，故歌部代词多用在重音位置上。详论参赵璞嵩，2013）。

其次，就第二点来说，韵律的理论可以说明"韵律轻重"和"语缀有无"在本质上的不同。韵律的理论告诉我们："重"与"轻"是相对的，所以"歌"部韵非相对"鱼"部韵不能表现为重（如果鱼部韵相对歌部而言，素少或元音弱的话）；而"鱼"韵虽然相对"歌"部为轻，但它相对"之"部韵又可以表现为重（如上文所示，之部元音相对鱼部而言，响度较弱）。亦即：

	高本汉	王力	俞敏	李方桂	白一平	郑张尚芳	潘悟云
歌部	ɑ	ai	ar	ar	aj	al	al
鱼部	ɔ	a	a	ag	a	a	a
之部	ə	ə	ə	ə	ə	ɯ	ɯ

就高本汉的构拟而言，"歌""鱼""之"的差别是由较强到较弱的响度级列：ɑ＞ɔ＞ə；就王力的体系而言，"歌""鱼""之"的差别是韵素数量兼响度级差的体系：ai＞a＞ə（前二者是韵素数量的差别，后

第六章　韵律系统的改变与二言诗体的消亡

二者是响度不同的差别)。其他学者的构拟体系也不例外,要么由强到弱,要么由多到少,没有例外。请看:

高本汉	ɑ>ɔ>ə
王力	ai>a>ə
俞敏	ar>a>ə
李方桂	ar>ag>ə
白一平	ɑj>a>ə
郑张尚芳	al>a>ɯ
潘悟云	al>a>ɯ
	也>者>之

这种韵律上的相对轻重律(亦即"也>者"、"者>之")的自然属性,是上古音韵构拟的偶然巧合呢,还是古音系统必然规律的反映呢?显然是后者,因为形态加缀的法则不会有这样的结果:加缀不可能是相对的,因此无论哪个词或哪个音节上所加的"缀"(或形态标记),都不可能相对另外的词或音节就不成其为缀。换言之,我们既不能说歌部字因其重就都是带缀的字,同时也不能说鱼部字因其较弱(相对歌部)就都不是带缀的字;最不可能的是:对歌部而言,鱼部字不是带缀的字,但对之部字而言,鱼部字又成了带缀的字(因其较强)。显然,面对这种"鱼部轻"(相对歌韵)同时又有相反的"鱼部重"(相对之韵)这种表面矛盾但实则"相对轻重(或一体两性)"的韵律属性,加缀说必将跋前疐后,无以为据。由此可见,上古即使有加缀变义之例,也不足以否认韵素(音系学的单位)和响度(语音学的特征)的韵律属性以及它们和语势轻重之间的对应规律。

综上所述,我们从"唯黍年受/惟命是听""我-吾""彼-夫""尔-汝""若-如""也-者""则-者""诸-之""终-且"以及"仆-不谷""孔-窟窿""茨-蒺藜"等的轻重缓急之异,揭示出它们在发语轻重的之上所以如此者是韵素音步类型所致的结果。更有意义的是,这种CVC跟CV的对立可以告诉我们汉语史上确曾有过一个以韵素多少为轻重的时期,而这种对立只出现在较早文献里的事实,充分证明早期韵素音步的存在。

从高本汉以来人们就开始怀疑上古汉语中的人称代词的对立可能是形态的反映(参丁声树,1948;金守拙,1956;周法高,1952;魏培泉,1989等)。我们不排除远古汉语的这种可能,但是值得注意的是,以往所说的对立有些指韵部的对立,而韵部的对立是音系系统中韵母类型的对立;它们不等于(也不应该用来说明)形态的对立。原因很简单,形态对立的本质是morphological(构词)的对立,而不只是phonological(音系)的对立(后者只是前者得以实现的载体)。即以一度出现过的假设而言,鱼部和歌部的"吾、我"之间的对立(如上文所见)就曾多次被认为是形态的表现(高本汉1920、胡适1921,周法高1952,魏培泉1989等)。然而,如果"吾/我"、"尔/汝"真的是形态交替的变化的话,那么这种形态标记的语法功能是什么?至今没有确凿的证据。更重要的是:什么是它们形态的语音标记?韵尾(*-i/l),还是韵母(*ar/al)?如果是整个韵母,那么很难解释为什么这种语法功能只发生在歌鱼两部,而不在其他的韵部?此其一。第二,如果说这里的形态的标记是歌鱼两部的韵尾,也有问题。因为形态标记属于语法的范畴,如果说歌鱼两部的韵尾是形态的话(必须以有韵尾的构拟立说),那么这组韵尾(*-r/*-g,如李方桂)的替换为什么只和靠近发/a/部位音的词(歌部和鱼部)组合,不和别的元音部位的词(如/i/或/e/)组合呢?显然说不通。进言之,为什么/a/部位的元音可以标形态,其他部位的元音(如/i/或/e/)就不具备(这种或他种)形态的语法功能(如主宾等格位)呢？这也是问题。然而，如果我们换一个角度，从韵素的韵律功能看这些现象，以往形态说的材料都能够得到相应的解释。不仅如此，我们还发现了更多的、加缀说无法解释的、韵素决定重音的"吾/我""尔/汝""乎/也""者/也""者/则""之/诸""终/且"等成批的对立现象。当然，我们不排除其中个例的考证因新材料的发现或有可商之处，然而，就整体而言，韵素的作用则无可否认。显然，新现象的揭示不仅超越了加缀说的假设，反过头来又支持了韵素音步的理论，同时更深刻地揭示出远古汉语的韵素音系系统及其后来的音节音系系统的类型性的变化，这不啻为上古音韵的研究开辟了一个新的领域，更为韵律诗体学的研究提供了一个新的基础。

6.2 原始二言诗体

有了上面的"双韵素音步"的例证，我们才有语音的基础和韵律的条件讨论上古的诗歌。果如上节所云，双音节音步来源于韵律结构的演变，那么，我们的古典诗学将面临一个理论上的悖论。首先，"我国原始型的诗歌大都是二言形式"(《中国古代文体概论》37页)，但我国最早的诗歌总集《诗经》是四言体(公元前十一世纪到前六世纪，约五百年的时间)。"二言"形式是两个音节的单位、"四言"形式是2+2，也是以两个音节为单位。如果原始诗歌和上古《诗经》都是以两个音节为单位的诗歌形式，那么双音节结构(或音步)岂非自古而然？若双音结构本来就"自古而然"，那么，双音节音步来源于韵律结构的演变岂不自相矛盾？

必须承认,我们所面对的是一个语言和文学纷繁错综而尚待开垦的复杂局面,因此,很多上古的复杂现象我们并不清楚。尽管如此,我们却不能畏葸不前。事实上,当我们关注原始二言和上古四言的同时,我们必须看到上文所证的韵素音步的存在(远古的特征)和音节音步的发展(上古萌发),而后者更能反映当时的语言变化。其实,许多矛盾的现象都是表面的。下面我们将看到:在系统的理论分析中,那些表面矛盾的现象到头来都变成了支持我们"韵律-诗歌"同步发展的证据。

先看二言。我们认为:原始二言诗歌的存在正是远古汉语单音节自成音步(=双韵素音步)的表现。首先,就诗歌的普遍形式而言,诗歌很少或根本没有以独个音步为诗行的体制。[①] 为什么呢? 如本书第二章所示,诗歌虽非音乐,但必有旋律。旋律是诗歌所以为诗歌的必要条件。旋律是由时值和音高组成,没有时值就无所谓旋律。因此,旋律的实现离不开单位的组合(以实现时值)。诗歌的最小单位是音步(语言韵律系统所决定),因此诗歌的旋律必然至少由两个韵律单位(亦即两个音步)组成。然而,如果汉语自古就是双音节音步,那么原始的二言如《弹竹》,就必然读成四言一行从而满足诗歌旋律(两个音步)的要求。亦即:

　　断竹续竹,
　　飞土逐肉。

换言之,倘若双音步果真自古而然的话,那么所谓原始的二言诗体就不会存在。事实上,不是没有人对原始的二言提出质疑。黄生在《义府》中曾批评以《弹竹》为二言是"未知诗理",并强调:"(黄歌《弹竹》)盖此必四言成句,语脉紧,声情始切。若读作二言,其声啴

---

① 这里强调的是体制,不是单词独句的个别用法。

缓而不激扬,恐非歌旨。"可以想象,如果诗歌必须以旋律为前提而原始汉语又以二言为音步的话,那么黄生所谓《弹竹》"必四言成句"的诗理,也不无道理。然而,国学大师黄季刚先生批评说:"黄歌四句,而黄生以为二句……未知抑扬之所由"(《文心雕龙札记》118页)。季刚先生没有具体说明这里的抑扬所由的道理,但坚持黄歌为二言四句则毫无疑义。其实,原始二言诗歌并不止黄歌,褚斌杰《中国古代文体概论》(1990:38/39)里还给出下面的例子:

《易经·屯·六二》

  屯如,邅如;

  乘马,班如;

  匪寇,婚媾。

《易经·中孚·六三》

  得敌。

  或鼓,

  或罢,

  或泣,

  或歌。

无疑,二言古诗果如传统公认而确曾存在的话,那么,黄歌《弹竹》也应读成二言一句,亦即:

  断竹,

  续竹;

  飞土,

  逐肉。

如果原始诗歌的确两个字一行,如果诗歌一行至少两个音步,那么原始诗歌'一言一音步'的结果则是逻辑的必然。果诚如此,那么黄生二言诗"其声啴缓而不激扬"就属上面所说的"隔代语感",不足为训。事实如何呢?就目前的研究来说,"原始诗歌确有二言"是公认的事实。既如此,则"二言一句、一句两步"的分析,必然就顺理成章。所不同者,用后来双音节音步的语感来读原始双韵素的诗歌,极不顺口而已。试想,下面的文字若读成"一字一个音步"的节律,对"隔代语感"的今人来说绝难上口:

春～～～/ 来～～～;

秋～～～/ 去～～～。

物～～～/ 悲～～～;

人～～～/ 喜～～～。

这就是黄生"读作二言,其声啴缓而不激扬"的"诗感错位"的原因所在。然而,二言诗行在其他语言里,却非常自然。如:

英文   **直译**

rain,   rain   雨   雨,

go   away   走   开。

come   again   再   来,

another   day.   改   天。

这里所要强调的是:尽管汉语原始二言诗行的存在是公认的事实,我们却不能用今天的语感来读它。须知:用今天的语感很难体味那些系统改变的、在我们语感之外的旋律之美。就如同我们很难用当代汉语的节律来感知和赏读英文的诗律一样。当然,这并不意味着我们无法鉴别它们的不同。正相反,从诗歌的一般规律和原始诗歌的独特形式上,我们不仅可以看出原始诗歌和中古诗歌的差异,同时还可以推出原始诗歌必然是"单音节音步"的结论。原始诗歌"二言一句"的现象和我们上面"远古汉语以单音节为音步"的理论,不谋而合。亦即(拟音参《上古音系》):

第六章　韵律系统的改变与二言诗体的消亡　　137

```
                     诗行
                   ╱      ╲
                 音步      音步
断竹，    doo    ns    tu    g
续竹；    yjo    gs    tu    g
飞土，    pu     l     lha   a?
逐肉。    l'u    wg    nju   g
```

根据这里的分析,二言诗所以被取代的原因也因此而得到相应的解释。原因很简单:汉语的音步由双韵素变成了双音节。①

6.3　古代韵律结构的演变

了解了汉语韵律结构由双韵素到双音节的演变,四言《诗经》的音步形式也便迎刃而解。褚斌杰说:"双音节词的大量出现……于是诗歌在形式上开始有所突破而向前发展。二言体以后占主导地位的是四言体,这就是我国诗歌史上的《诗经》时代"(《中国古代文体概论》30页)。撇开其他外在因素的影响不谈(如表达内容的需要,社会原因、汉人心理等),二言到四言的转变原因,取一般的说法,是双音节词汇的促发作用。② 这和我们理论的预测又不谋而合,只不过"双音词的发展"是表面的现象,而韵律结构的演变才事关语言的系统,才能导致整个语言体系(包括文学)的改变。就是

---

① 汉语的单音节音步转变成双音节音步的机制和上古汉语的音节简化以及声调的产生直接相关,为节省篇幅,此不赘述。读者可以参看冯胜利 2005 的有关论证。
② "汉语词汇从以单音词为主,过渡到以双音词为主,是汉语发展史上的一大变化……在距今两千多年的先秦两周时代,这一变化就已经开始了。"程湘清《先秦双音词研究》第 45 页。

说,从'二言体'到'四言体'的诗体演化,不过是远古汉语从'韵素音步'到'音节音步'的转化在文学诗体上的一种反映而已。

这一结论不仅是理论预测的结果,同时在诗体发展上也怡然理顺。从韵素音步到音节音步的发展,不仅使汉语的文学形式产生了一系列的变化,更重要的,它给上古汉语带来了'革命性'的变化。汉语从综合型的语言(synthetic language)转化为分析型的语言(analytic language),以至汉语语法的整个系统(语音、构词和句法)产生的类型学上的巨大改变,在我们看来,和韵素音步到音节音步的转化有着直接的联系。[1] 因此,要了解秦汉时期文学的真实面貌,不仅要了解当时的文学变化,更重要的是要了解文学所依赖的当时语言的变化;不仅要了解一般的语言变化,而且还要关注和掌握由"韵律转型"带来的一系列的相应的变化。什么是与韵律转型相应的变化呢?就目前的研究成果(参丁邦新,1979/1998;潘悟云,2000;梅祖麟,2000;郑张尚方,2003;沙加尔,2004;Feng,1997/2005等),粗而言之(仅列和本论相关者),即(同参第一章第一节):

周秦时代 1. 韵素音步残留无几

2. 二言诗已呈绝迹

3. 上声调出现,但去入二声仍不分明

4. 复辅音形式大批量地转变为双音节形式(联绵词的出现)

5. 双音节熟语大量出现

6. 单音节成分失去独立性

7. 双音节词汇日益增多

---

[1] 有关汉语从综合型语言(synthetic language)转化为分析型语言(analytic language)的讨论,参 Huang(2005),Feng(2006b)。

第六章 韵律系统的改变与二言诗体的消亡

              8. 四言诗体流行天下

两汉时代 1. 韵律构词法的定型(Feng,1997)

              2. 双音节词汇急剧增加(赵岐《孟子章句》及汉人传注)

              3. 并列短语[V 而 V]转变为并列复合词[VV](西汉)

              4. 并列[VV]逐个变为动补[VR](东汉)

              5. 轻动词成批显形(语音化:冯胜利,2005;胡敕瑞,2005)

              6. 三音节复合词([2+1])逐渐成熟(《论衡》)

              7. [1+1]与[1+2]的始具形态功能(见于"被"字句)

              8. 去入始分(东汉"离去无破")

              9. 五言诗体出现(《古诗十九首》[①])

魏晋时代 1. 四声俱全(顾炎武、段玉裁)

              2. 五言流行

              3. 四六文建立

              4. 声韵说和新体诗出现

              5. 动补式剧增('打头破、打破头'同出并见)

              6. 四字格成型(刘勰"四字密而不促")

              7. 七言诗出现

限于篇幅,我不可能逐项介绍上面的发展,但仅就这些"依类而从"的同步演化,便不难看出:周秦时代是变化的初起阶段,两汉为巨

[①] 这里我们坚持一般公认的看法:《十九首》不是西汉作品。这不仅因为"古诗眇邈,人代难详"(钟嵘《诗品序》)所以"疑不能明也"(李善《文选》注)的缘故,更重要的:"倘若西汉景帝、武帝的时代已经有《十九首》那样成熟的作品,自然应当继续发展,决不致中断二百年,到建安黄初年间才复兴起来。"(詹锳《文心雕龙义证》192页)

变时期,而魏晋六朝则是变化的收尾阶段。从周秦到魏晋,整个变化过程以声调(的出现、发展与完成)为线索而贯穿始终,以音步(及其类型的出现与建立)为枢纽而制动全局。其中声调和音步的对应关系可以概述为:①

  系统交替阶段 声调出现(上声) 双音节标准音步
  系统建立阶段 去入分流(去声) 三音节大音步
  系统成熟阶段 四声分明(天子圣哲) 四音节复合音步

就是说,在新旧系统的交替阶段(上声出现,亦即段玉裁、黄侃、王力等所谓'古无去声'的时代),双音节音步即开始形成和发展,于是有四言歌体的发展(《诗经》大多出自民歌)。直到东汉去入分流,汉语的四声调系开始健全;与此同时,以[2+1]为标志的三音节词汇随之而出。时至魏晋,四声高低的作用日趋明显,在"前有浮声,后有切响"的双音步模块组合中,逐步形成"四字密而不促"的韵律格式,于是双音节音步才进而复合为一个韵律单位——四音节复合音步(复合韵律词)。②

  上述韵律语法及其伴随而来的韵律文体的演变,无可避免地引发出两个至为重要的新课题:为什么一种语言的演变(声调的建立和音步的转型)需要/能够持续将近一千五百年之久的时间才臻于完成? 此其一。第二,在语言/文学演变的长河里,哪些地方首当其冲、哪些是前提、哪些又是结果的结果? 毫无疑问,这些不仅

---

  ① 这里所以对应的原理可简括为:(1)声调出现造成音节内韵素数量多少不分。韵素不分则音节划一,音节划一则促发双音节音步的产生(参《汉语韵律语法研究·第二章》);(2)去入分流则四声独立,四声独立更促化双音。双音强而后三音立;最后,(3)四声全而后生平仄,平仄双配而后"密而不促"(刘勰)。篇幅所限,恕不能详。

  ② 限于篇幅,这里不能对此详细论证。这里旨在说明语言和文学同步发展的历史,以便帮助了解文学发展的语言背景。注意:无论这里介绍的背景如何,都不会影响本书有关标准音步和大音步来源的立论。

第六章　韵律系统的改变与二言诗体的消亡

是汉语,同时也是人类语言演变中的重大课题。然而,无论我们的解释如何,事实是:汉语的声调从其产生(周秦时代)到完成(魏晋),的确经历了相当长的时间。声调如此,那么,伴随声调而出现、发展和完成的音步模式,同样经历漫长的时间便也不足为奇。声调和韵律的演变何以如此缓慢的问题,需要专题研究,暂置不论;而在它们的演变过程中,哪些相关范畴首当其冲,则是这里最为关要的问题。

从上述发展的进程可以看出:在双音节音步建立的初始阶段,最先受到音步转型影响的是诗歌(亦即四言体《诗经》)。为什么音步转型不首先触及词汇和语法,唯独诗歌首着先鞭呢?我们认为:这和变化本身的性质有关,同时,首当其冲的并不止诗歌。

我们知道:韵律不是词汇,韵律也不是句法。韵律的演变不可能一上来就改变词汇,重组句法。可以想象,在韵律演变过程中首当其冲的应该是和韵律直接关联的语言现象。什么现象和韵律直接关联呢?诗歌无疑是首先选择的对象之一,因为没有韵律就没有诗歌。此外,词汇的语音、辞句的松紧,均离不开韵律的支配。事实正是如此。请看(上古文学和语言的同步变化):

(a)诗体的演变:由二言转变为四言
(b)词汇的发音:由单音词变为联绵词[①]

孔　khloog　→　窟窿
瓜　k^{w}raa　→　果蓏
权　gron　→　权舆
笔　brug　→　不律

---

① 亦即王国维所谓"联绵词合二字以成一语,其实一字也"(参《尔雅草木虫鱼鸟兽名释例》载《观堂集林》卷五)。

$$\begin{array}{lll}椎 & \text{dhjul} & \rightarrow \quad 钟馗 \\ 偻 & \text{groo} & \rightarrow \quad 句偻 \\ 茨 & \text{zli} & \rightarrow \quad 蒺藜\end{array}$$

（c）辞句的组合：双音节短语的大量涌现（引自程湘清，1992）

天子、天下、国家、百姓、虎贲、君子、鳏寡、纲纪、经营、匍匐、征伐

驰驱、颠沛、稽首、劬劳、康宁、敬恭、伤悲、京师、仪礼、阴阳、吉凶……

由此可见，四言诗、联绵词以及双音节仂语的发展，均属同一规则演化下的不同结果。我们知道，韵律的基础是韵素或音节，所以变化伊始，必然首先触及韵素或音节最敏感的区域。而事实上，上古汉语中的很多显著的变化，都和韵律的影响密不可分。这些变化可以按它们对韵律的敏感度依次排成：

诗歌＞联绵词＞短语[①]＞固化词组[②]＞并列式复合词＞复合词

这种韵律敏感度的序列正好反映了它们出现的历时次序：诗歌最先，其次是联绵词和短语，再次是仂语固化……。这种"韵律的敏感程度"和"变化的历时次序"之间的对应关系，充分说明了它们是以韵律为轴心而产生演变。

总之，上古韵律系统的改变不仅导致了汉语的变化，同时也导致了它的文学形式的转型。当然，文学的发展不只是语言的原因，但是离开语言，诗歌的形式和文体的不同又将从何谈起呢？秦汉

[①] 程湘清《先秦双音词研究》所收的是"双音组合"（包括双音词和双音词组），正如他所说"双音化所形成的既有双音词，也有双音词组，而且其中不少是先经过词组阶段，然后逐渐凝固成词"（61页），"进入战国时期以后，联合式双音词的增长速度却比偏正式显著加快了"（112页）。

[②] 王力先生叫做"仂语凝固化"（见《汉语史稿》346页）。

诗歌对韵律的依赖,我认为可以用《墨子》的逻辑来概括:"有之不必然,无之必不然"——没有韵律的作用绝对不会有它所以如此的发展,尽管它的发展不都是由韵律决定的。具言之,战国两汉之间的诗歌发展(包括汉赋)和双音节标准音步与三音节大音步的出现及发展,直接相关。此秦汉文学研究不能不予以极度重视的大问题。

本章思考题:
1. 举例说明汉语的韵律系统有什么变化
2. 举例说明单音节音步与双音节音步在诗歌里面的不同表现和作用
3. 从周秦到两汉再到魏晋南北朝,汉语的文学形式有哪些变化?
4. 从上古到两汉汉语的文学形式的变化哪些是受到韵律影响的?
5. 二言诗和四言诗的韵律结构有什么不同?

第七章 《离骚》的顿叹律与抒情调

上一章我们看到：远古的二言变成了《诗经》的四言，暗示了单音节音步变成了双音节音步。汉语到了战国时代，双音节音步的势力愈发强大。《离骚》就是战国以来汉语双音节音步日趋强大的产物，它开创了中国文学史上的一个辞赋新时代。但《离骚》对汉语文学的韵律究竟有什么具体的贡献，这方面的探讨还不多见。本章即在前面几章的理论基础之上，讨论中国诗歌史上《楚辞》的韵律贡献。当然，这里的研究不仅试图发掘《楚辞》对诗歌韵律的贡献（列出现象，得出结论），作一次继《诗经》定格的二步律以后的大改革的韵律美学的语言分析，更重要的是给韵律诗体学的研究提出一些可供参考的方法和模式，引起对这个新兴领域的关注和兴趣。这里的探索不仅有美学的鉴赏，同时还有"美从何来"的语言学分析。换言之，韵律诗体学既要关注内容之美，更要揭示韵律之美。

下面我们先从"什么是诗"谈起，然后介绍什么是"顿叹律"以及"抒情律"的特点，最后运用韵律诗体学的原理来分析前人对《离骚》韵律分析的成果及其未尽人意之处，总结屈原《离骚》的韵律贡献。

7.1 什么是诗？

什么是诗？不同的人有不同的说法。但毛亨在《毛传》中认为：

"诗者，志之所之也。在心为志，发言为诗。情动于中而形于言,言之不足故嗟叹之,嗟叹之不足故永歌之,永歌之不足,不知手之舞之足之蹈之也。"

这就是所谓"诗言志"。什么是志?志指内心里面的东西:"在心为志,发言为诗",所以"诗"就是"志"的语言。不仅如此,其中还有一个诗所以为诗的重要特征,即毛亨所讲的"情"。"无情未必真豪杰",因此,凡属文学,情为第一。人类永恒的东西就是情。情一多,就想说,所谓"情动于中而形于言"。内心的激动与痛苦、七情六欲之鼓噪,都要靠语言来表达,动物有情也靠鸣叫来释放。所以不只说,还要叫,所谓"言之不足,故嗟叹之"。嗟叹是释放感情的第二层次。"嗟叹之不足,咏歌之",这是第三个层次。毛亨在解释什么是诗的来源时,无形之中为我们定义了三个范畴:一个是语言,一个是嗟叹,第三个是歌咏。本文所要讨论的是前两个范畴,亦即歌咏之前的嗟叹和语言。诗是语言的艺术,因此谈诗离不开语言;嗟叹是介于说话和唱歌之间的一种语言形式(据毛传)。嗟叹是人类感情的表达方式,既可以通过词汇来完成(如感叹词),也可以通过拉长元音的方式来实现,均与日常说话不同。带有嗟叹的语言表达,情感最丰富。因此,诗有语言形式、嗟叹形式、歌咏形式以及舞蹈形式。我们认为,前两个范畴是诗歌之本,有朱熹的解诗为证:

> 或有问于余曰:"《诗》何为而作也?"余应之曰:"人生而静,天之性也;感于物而动,性之欲也。夫既有欲矣,则不能无思;既有思矣,则不能无言;既有言矣,则言之所不能尽,而发于咨嗟咏叹之余者,必有自然之音响节奏而不能已焉。此《诗》之所以作也。"

——朱熹《诗集传·序》

作诗需要冲动(actuation),诗成则有一种特别的满足感和心灵净化的升华感,觉得自己超脱了世间凡我的一切,进入了真纯、善美的理想境界,即所谓诗境。但无论冲动也好,超越也好,"咨嗟咏叹之余者,必有自然之音响节奏"才可成诗。这就是第三章所说的:节奏是诗的本质属性。诗可唱,但诗不限于唱。《墨子·公孟》云:"或以不丧之间诵诗三百,弦诗三百,歌诗三百,舞诗三百。"这里透露出我们关心的两个问题。第一,诗成之后把它作为歌咏的歌词,配上乐谱演奏,这是一种情况。还有一种更普遍的情况就是直接拿原始的诗句吟诵或朗读,所谓"诵诗三百"。这两件事必须分开来看。如果吟诵,当本自然的诗律才能上口,但与说话是不同的。韵律诗体学就是要研究这些不同之所在。另外,如本书第二章所示,吟诵与唱歌不同,唱歌有乐谱,诵诗没有固定的乐谱。诗歌如何保证既能嗟叹,又与自然的韵律相配合,同时这种韵律格式如何加入感情?显然,这不仅涉及内容,更重要的是事关形式。换言之,诗歌通过什么样的韵律手段才能将澎湃的情感表现出来?诗人要创造什么样的韵律格式才可以满足他情感的宣泄?所有这些问题,《楚辞》都提供了一个很好的范例。什么样的情感让你非投汨罗不足以表达怀中激荡着的"举世皆浊我独清"的感情?结束生命需要的不只是勇气,还要波涛激涌的情感巅峰。正是这样的感情才突破了《诗经》四言的格式而独辟蹊径,这就是屈原的《离骚》。正因如此,文学史家才把《史记》比作"无韵之离骚"。《楚辞》已经成为古典文学,尤其是有韵文学的代表。那么,除了韵之外,"情"是如何表达的?这就是我们本章所要讨论的"嗟叹韵律"。

　　由于情感的迸发而需要表达的最原始的嗟叹手段,就是声情并茂的嗟叹词,如"呜呼!""噫吁嚱!""也矣!""伟哉!"等等。嗟叹词本身兼有韵律、意义以及词形等多种性能,传统称之为"感叹词"。它们所反映的韵律,我们称之为"顿叹律"。先看什么是"顿叹"。"顿叹"就是把话停下来,或因为太激动而说不下去,这就是

第七章 《离骚》的顿叹律与抒情调

"顿";接下来感情的爆发和呼叫,这就是"慨叹"。比较:

平铺直叙: 我去美国的时候他很健康。
致亲人书信 我去美国的时候,他不是很健康的吗?
面悼死者 我走的时候啊,你还好好的呀!
古诗歌 母也天只,不谅人只!

感情不到极致的程度,这个"啊"字说出不来;但有了这个"啊"字,句子整个的节律就发生变化。为什么?因为句子被"顿"开加入"叹词"后,原来平铺直叙的韵律结构就被这种激昂的"情感调"打破而需重新组织。因此,以"顿"和"叹"为手段的韵律结构,独成一格,叫做"顿叹律"。前面看到,汉语诗歌的最佳韵律模式是$\{[(\sigma\times 2)\times 2]\times 2\}\times 2$(参第三章)。亦即:两个音节一步(一个节律单位),两个音步一行,两行一联,两联一阕。这是构诗最简单、最基本、也即最佳的格式。《诗经》四言正是这一模式的代表。那么在这种由《诗经》固定下来的格式里,如何抒发那种无法遏制的澎湃感情呢?《诗经》所用的是严格的二步律(=四言诗),在这种有限制的固定格式中,要想抒发痛苦或激昂的感情,就需突破那种"格板"的限制。通过对《楚辞》的分析我们发现了一些重要的启示。战国之前,西周以来数百年的诗歌几乎都是《诗经》格式,甚至外交辞令所吟诵的也是"二步律"。如何突破这种格局?屈原采用的办法就是嵌入"顿叹律"。

《楚辞》中的顿叹法以"骚体"最为典型,这就是"兮"字的嵌入。"兮"字虽然由一个叹词变成一种诗体的标志(楚辞的标记),但是作为诗歌创作的一种手段,叹词的使用(包括"兮"),并非始自屈原。譬如:

　　南风之熏兮,可以解吾民之愠兮;南风之时兮,可以阜吾民之财兮。

　　　　　　　——《南风歌》(《孔子家语·辨乐解》)

卿云烂兮,糺缦缦兮;日月光华,旦复旦兮。

——《卿云歌》(《尚书大传·虞夏传》)

凤兮凤兮!何德之衰?往者不可谏,来者犹可追。已而,已而!今之从政者殆而!

——《楚狂接舆歌》(《论语·微子》)

沧浪之水清兮,可以濯我缨;沧浪之水浊兮,可以濯我足。

——《沧浪孺子歌》(《孟子·离娄上》)

今夕何夕兮,搴中州流,今日何日兮,得与王子同舟。蒙羞被好兮,不訾诟耻。心几顽而不绝兮,知得王子。山有木兮木有枝,心说君兮君不知。

——《越人歌》(《说苑·善说》)

这些诗句显然和四言诗有很大的不同。当然,我们也看到,《诗经》里不是没有带"兮"的类型;而有的诗句虽然没用"兮"字,但叹词的使用仍然不免。如

昔我往矣,杨柳依依。今我来思,雨雪霏霏。行道迟迟,载渴载饥。我心伤悲,莫知我哀!(《诗经·小雅·采薇》)

其中"矣""思"都是叹词:它们没有实义,易拉长声,有嗟叹功能,属句尾语气词类。"兮"的特点也是顿叹,它没有任何的语法功能(见下文不同的说法和论证)。以前诗歌中的"兮"均出现在句末,或者出现在对句之中(如"凤兮凤兮"),然而《楚辞》中的"兮"字却独有自己的特点和格式:

帝高阳之苗裔兮	朕皇考曰伯庸	东部	*ooŋ
摄提贞于孟陬兮	惟庚寅吾以降	冬部	*ɯɯŋ
皇览揆余初度兮	肇锡余以嘉名	青部	*eeŋ
名余曰正则兮	字余曰灵均	真部	*jin
纷吾既有此内美兮	又重之以修能	咍部	*ɯɯ

第七章 《离骚》的顿叹律与抒情调

扈江离与辟芷兮	纫秋兰以为佩	哈部	*uuus
汩余若将不及兮	恐年岁之不吾与	模部	*aʔ
朝搴阰之木兰兮	夕揽洲之宿莽	唐部	*aŋʔ
日月忽其不淹兮	春与秋其代序	模部	*jaʔ
惟草木之零落兮	恐美人之迟暮	模部	*aags
不抚壮而弃秽兮	何不改乎此度	铎部	*aags
乘骐骥以驰骋兮	来吾道夫先路	铎部	*aags

——《楚辞·离骚》

什么是楚辞的"兮字格"呢？首先看如何吟诵（= metricalization）"帝高阳之苗裔兮，朕皇考曰伯庸"这两句话。根据传统的诵读法是（'/'代表间歇单位）[①]：

帝//高阳/之//苗裔/兮，朕//皇考/曰//伯庸

那么"日月忽其不淹兮　春与秋其代序"又是怎么"节律化"的呢？它可以作如下诵读：

日月//忽其/不淹//兮，春/与/秋//其/代序

读《离骚》的句子一要拖腔（此古今文诵读之不同者），同时要把"韵律标记"念出来后才知其律。哪些是其基本规律呢？就目前的节律分析而言，我们可以得出如下的格式：

（1）左边句首字"帝"、"朕"要独立成拍（参下文有关这里的"独立成拍"的确切定义）；

（2）左边开始，两个字两个字组合成拍（摄提/贞于/孟陬、日月/忽其/不淹）；

[①] 这里有人会问：怎么知道屈原时代的人用的是这样的吟诵格式呢？我们认为：今天承传下来的传统的诵读法是有根据的（参《启功全集·第一卷》中诸篇所论，同时也是本书古代节律语感之所承），因为自战国以来双音节音步就开始建立了（参冯胜利"汉语双音步的历史来源"载日本《现代中国语研究》2001年第1期，123—138页。）

(3)"兮"在两句之间(注意:嗟叹不止用"兮"字,还用了与"兮"有关的其他韵律或节律标记来完成);

(4)最后两个字必须是实词;

(5)倒数第三个字是虚词。

这些格式构成了《离骚》体,这是屈原在中国文学史上的一大创造,是中国文学和中国语言学均不可忽视的重要规则,是一个非常值得深入研究的重要的韵律格式。《楚辞》的这些韵律特点用公式法表示,即("S"代表实词、"Δ"代表虚词,"()"代表全拍,"[ ]"代表半拍):

楚辞节律格式

[S](SS)Δ(SS)+兮　#　[S](SS)Δ(SS)

(SS)(SΔ)(SS)+兮　#　(SS)(SΔ)(SS)

7.2　什么是顿叹律

下面我们来看什么是抒情和顿叹。抒情的顿叹最明显的标志就是句中的"兮"字。刘熙载在他的《艺概》里所指出的"句腰"亦依此立论。所以,《楚辞》中的"兮"字不能简单地说只出现在句尾。《离骚》中的"兮"在首句之末,但《楚辞》里的"兮"字并不都是这样。如第三章(2)所示:

X兮　　　　　魂兮归来!(《楚辞.招魂》)

XX兮　　　　王孙兮归来!(刘安《招隐士》)

XXX兮　　　君不行兮夷犹,蹇谁留兮中州?(《楚辞·九歌·湘君》)

XXXX兮　　滔滔孟夏兮,草木莽莽。(《楚辞·九章·怀沙》)

第七章 《离骚》的顿叹律与抒情调　　151

XXXXX 兮	鸷鸟之不群兮,自前世而固然。(《楚辞·离骚》)
XXXXXX 兮	帝高阳之苗裔兮,朕皇考曰伯庸。(《楚辞·离骚》)
XXXXXXX 兮	纷吾既有此内美兮,又重之以修能。(《楚辞·离骚》)
XXXXXXXX 兮	灵氛既告余以吉占兮,历吉日乎吾将行。(《楚辞·离骚》)
XXXXXXXXX 兮	苟余情其信姱以练要兮,长顑颔亦何伤?(《楚辞·离骚》)

从一个字到九个字的后面都可以加"兮"。那么"兮"的位置当如何概括？我认为：这里的"兮"可以根据作家的感情放在任何一个词、任何一个短语或句子的分界点；只要语法上不破坏短语(或句子)的完整性就可以放一"兮"字。因此,古人既可以说"魂归来兮",也可以说"魂兮归来",但不能说"魂归兮来"——因为破坏了句法的完整性。就是说,作者可以随意地加"兮",取决于感情宣泄的需要,相当于在句子里面加入叹词"啊",如："我啊是学生"、"我是啊学生"、"我是学生啊"……把它放在句子的任何成分之后都非常上口。当然,"兮"字是不是今天的"啊"还需要证明。首先,孔广森《诗声类·卷七》考得：

《秦誓》"断断猗"《大学》引作"断断兮"。
《唐韵正》："汉外黄令高彪碑以'猗衡'为'阿衡'。"
《伐檀》："河水清且涟猗","猗"汉石经作"兮"。[①]

[①] 廖序东曰："猗假借为兮,除孔氏所举《秦誓》一例外,尚有《诗·魏风·伐檀》：'河水清且涟猗'。猗,汉石经作'兮',《释文》本作'猗',则'猗'即'兮'也。"(廖序东《楚辞语法研究》,北京：商务印书馆,2006年,第35页)

孔广森是古音韵学家,他所举之例意在说明"兮"当读"啊"。这个发现非常重要。《秦誓》的"断断猗","猗"又作"兮"。"猗"从奇声,奇从可声;而"兮"与"猗"互换,是同音假借,可见"兮"与"可"同音。不仅如此,"猗"还可以直接用"阿"来代替。因此"兮"和"啊"同音,可以无疑。如此我们可以想象屈原在文学创作上的天分:他吟而不唱,唱而不歌,径直用叹词"啊"来抒发情感,宣泄内心的激愤。

"兮"作"啊"读还可以从《老子》用"兮"处的马王堆汉墓帛书的异文("呵"字)来说明:

傅奕本《老子》:"渊兮似万物之宗"

帛书甲本《老子》:"潚(渊)呵始(似)万物之宗"

帛书乙本《老子》:"渊呵佁(似)万物之宗"

傅奕本《老子》:"淡兮其无味也"[①]

帛书甲本《老子》:"谈(淡)呵其无味也"

帛书乙本《老子》:"淡呵其无味也"

出土文献中用的字从口可声,与阿谐可声为同一个韵母,所以与"兮"字可以通用。据此,今天读"路漫漫其修远兮"的"兮"为"xi",有一种诗风古意,但当时的"兮"是为抒发感情而发,应当读作"路漫漫其修远啊"——"兮"的作用当然是慨叹;但其功能并不止于此。闻一多[②]恐怕是明确指出"兮"字特点的第一人,他说:"兮"是

---

① 此处之"兮"香港中文大学汉达文库作"淡乎其无味",陈鼓应《老子今注今译》(北京:商务印书馆,2003年)亦作"淡乎其无味"。

② 参《九歌"兮"字代释略说》,《闻一多全集》第5卷,武汉:湖北人民出版社,1993年版;闻一多:《怎样读九歌》,《闻一多全集》第五卷,武汉:湖北人民出版社,1993年版,第380—396页。

一切虚字的总替身；凡有虚字的地方均可代之以"兮"字。[1] 其具体表现可分为三类，如下所示。

（6）兮＝其、之、而、夫

　　九嶷缤兮并迎(《楚辞·九歌·湘君》)
　　九嶷缤其并迎(《楚辞·离骚》)

　　载云旗兮委蛇(《楚辞·九歌·东君》)
　　载云旗之委蛇(《楚辞·离骚》)

　　遭吾道兮洞庭(《楚辞·九歌·湘君》)
　　遭吾道夫昆仑(《楚辞·离骚》)

　　杳冥冥兮以东行(《楚辞·九歌·东君》)
　　瞭冥冥而薄天(《楚辞·九章·哀郢》)

　　结桂枝兮延伫(《楚辞·九歌·大司命》)
　　结幽兰而延伫(《楚辞·离骚》)

显然上面的"兮"和"其、之、夫、而"具有同等的功能。闻一多用《楚辞》里的对句说明"兮"就是"其"、就是"之"、就是"而"、就是"夫"。"旗兮委蛇"就是"旗之委蛇"。很多的"兮"在不同场合对应的都是具体的虚词。这是闻一多给我们设定的《楚辞》阅读的"路标"："兮"字可以根据上下文理解为与之对应的虚词。这一点还可以用异文来证明：

---

[1] 闻一多说："我曾将《九歌》中兮字，除少数例外(详后)，都按他们在各句中应具的作用，拿当时通行的虚词代写出来，(有时一兮字须释为二虚字)结果发现这里的'兮'竟可说是一切虚字的总替身。"《怎样读九歌》，《闻一多全集》第五卷，武汉：湖北人民出版社，1993年版，第381页。

(7) 异文①

搴芙蓉兮木末。(《楚辞·九歌·湘君》)《太平御览·卷九百五十三》"兮"作"于"

罔薜荔兮为帷。(《楚辞·九歌·湘夫人》)《太平御览·卷七百》"兮"作"而"

《楚辞·九歌·湘君》横流涕兮潺湲。《白氏六帖·卷十九》兮作"之"

《楚辞》的"兮"在后代文献里变成了虚词。有人会说,异文能有美学的功能吗?异文如果就是写错字,那么不会有美学的功能。当然,异文的来源很复杂:有的是誊写之误,有的是因印刷形近而异,还有的是同音假借,当然也有的是同意代替,原因繁多,不一而足。但闻一多讨论的异文是最后一种情况,亦即"同意代替"。如果是"同意代替",其中就有"有意为之"的因素,那么屈原之后《楚辞》中的异文是有意为之的吗?我们认为是!因为它反映了后人对原文的理解(无论这种理解是否是原作的本意);历史句法学称类似的现象为"重新分析",文学史上的重新分析也同此理。换言之,我们可以从一大批的例子中看出后人(包括后人的注解)对早先语言艺术的不同理解。我认为,"兮"具有多种语法功能的事实,确实反映了这一重要的事实。譬如:

抚长剑兮玉珥。(《楚辞·九歌·东皇太一》)

指"长剑的玉珥",这个"兮"是"之"的意思。

乘回风兮载云旗。(《楚辞·九歌·少司命》)

指"乘着回风将云旗载起来"。这里我们关注的是如何将"乘……"

---

① 参闻一多《楚辞校补》,成都:巴蜀书社,2002年版,第28—29页。按:检汉达文库,《太平御览·卷七百》作:"《离骚》曰:'纽薜荔而为帷。'"但《离骚》无此句,是《太平御览》有误。然而,并不影响本文这里的立论。

和"载…"这两个事件连接起来,这两个行为的关系是什么?再看下面的两个动词事件:

扬枹兮拊鼓。(《楚辞·九歌·东皇太一》)

"扬、拊"是两个行为。连接这两个行为的既可以说是"而"(表并列,亦即"拿起了枹,然后打鼓"),也可以说是"以"(表凭借,亦即"拿起枹来打鼓")。到底是"take something and do something"(and=而),还是"take something in order to do something"(in order to =以)呢?我认为这取决于你如何理解句中的两个行为。上面三例中,作者既没写"以"和"而",也没写"之",只用了一个"兮"字就都代表了。但是后人在抄写这句话时,用长期训练的文言虚字知识来理解这里的"兮",于是理解成了"拿着玉枹来打鼓";于是用具体的虚词表现"兮"字所在的句法关系;于是异文就出来了。显然,后人的这种改动不是艺术,只是技术。更重要的,它告诉我们一个以前未尝注意的深刻道理:这种改字是一种"重新分析",它预示了"兮"字是按照不同虚字来设定、来使用的,因此读者可以根据不同虚词的意思来理解、来审美。这正是本文所要强调的非常重要的一点。再如,(7)中的"芙蓉"与"木末"这两个名词的关系是什么?"罔薜荔兮为帷"这两个动作("罔薜荔"和"为帷")的关系是什么?无论关系多么不同,都用一个"兮"字来系联,这就是《离骚》。闻一多正是从这个"兮"字能转写(落实)成另一个虚字的角度,把"兮"字不同的虚词功能揭示出来。注意:考证诗歌的用字与理解诗歌之美是和诗歌的语言直接相关的。在古典文学的研究上,我们不能只单凭空想臆造理论,而要把理论的思考落实在对字词诠释和理解基础上,这样才是通往"有据之美"的可靠桥梁。《楚辞》告诉我们,虚词与美直接相关,因为不止"兮"字,如下所示,"其"字也赋有特别的情态(或形态)之美上的文学功能。

(8) 形态

日月忽其不淹兮(《楚辞·离骚》)

绿叶素荣,纷其可喜兮(《楚辞·九章·橘颂》)

很多人在注释这类句子时,认为"其"字相当于"然":"忽其"即"忽然""纷其"即"纷然"。如果这样,那么"其"相当于"飘飘然、昏昏然"中的"然",是词缀。因此"路漫漫其修远兮"表示路又宽又远看不到边际的样子。

"其"字除了具有不同的语法功能之外,我们还要看到它的美学功能。事实上,跟"兮"一样,"其"也具有对应其他虚词的文学功能。前面看到的是"兮"字"一身多职"的不定性,在和它对应的其他虚词身上(如"其")同样可以看到这种不定性和"多解性"。譬如:

(a) 其＝拟议之词： 老冉冉其将至兮
(b) 其＝之： 苟余情其信芳、屯余车其千乘兮
(c) 其＝足句： 岂其有他故兮
(d) 其＝然： 九嶷缤其并迎
(e) 其＝而： 时缤纷其变易兮(其一作以,以＝而)
(f) 其＝也： 虽九死其犹未悔
(g) 翻译不出来者： 春与秋其代序(《楚辞·离骚》)

最后一句最说明问题。郭沫若的《今译》翻译为"春天与秋天轮着在相互代替";廖序东的《楚辞语法研究》更直接地说:"这种处在主谓结构之间的'其'字也译不出来。"(1995:129)。是现代汉语没有和它对应的语词呢、还是没有和它对应的语法呢、还是没有和它对应的文学手段(表现法)呢? 非常值得认真思考。无论如何,这是在《离骚》里看到的最典型的虚词的多功能性:"其"既可以是"之",又可以是"而",还可以是"也",尽管其中有的只有轻微的差异,也

有不是完全可以替换者,但《楚辞》中的虚词特点是"一词多用"。"老冉冉其将至兮"中,"其"表揣度(所谓"拟议之词"),是语气词。"余情其信芳""余车其千乘"中的"其"则违背常规地充当了"之"的用法,相当于"余情之信芳"、"车之千乘"。为什么"其"、"兮"会这样"一身而多任"? 至今仍是一个谜。

前面说过,闻一多认为"兮"是所有虚词的代身、是所有虚词的综合。但是姜亮夫则提出"兮"字有"乎、于、其、夫、之、以、而、与"等义(《楚辞通故》,1985年齐鲁书社出版)。闻一多把"兮"抽象化,姜亮夫又把"兮"具体化了。注意:无论抽象说,还是具体说,都没有跳出"兮"字的"虚字功能"说。因此谜团依旧。此中国文学史上最当注意的一大悬案。

解谜的工作到了郭绍虞[①]有了新的突破:"兮"可以表达助词以外其他虚词的语气。他注意到"语气"的问题,而不单单是虚词的语法功能了(语气功能是虚词的重要功能)。然而,郭绍虞又强调:一个虚词具有表达其他虚词的语法意义的作用。这样一来,他又把意义拉回"兮"的作用之中。注意:语气和意义是两个不同范畴的东西,严格地说,不能混为一谈。[②] 郭绍虞所谈的虚词意义是虚词自身的语法词汇意义,比如"其"的指代义,"而"的连接义等等。然而,他并没有用"语法意义"这个术语,因为他认为"还不能说'兮'表达了其他虚词的意义",同时他也不认为"兮"字已经转化成其他虚词的意义。也就是说,"兮"字不是其他虚词的代身。从某种意义上,郭绍虞否认了闻一多的意见。那么"兮"字究竟是什

[①] 郭绍虞《释"兮"》,载郭绍虞《照隅室语言文字论集》,上海:上海古籍出版社,2009年版,第317—326页。

[②] 用当代句法学的术语来说,语气属CP、虚词在IP。所以二者不同。

么呢？如果"兮"是语气词，为什么可以取代其他具有"语法意义"的虚词呢？不得而知。

对"兮"的解释，从闻一多的发现到郭绍虞的结论，是一个回合。由发现"兮"是"一切虚词的代身"到"它不能作为代身、不能说它已转化为其他虚词"，是对"兮"字认识的一大进步。当然，没有闻一多的错误，就没有郭绍虞的进步。而最启人思智的是廖序东先生的《楚辞语法研究》（北京：商务印书馆，2006年版）。他在这里提出的意见比郭绍虞的观点又进一步。他认为"兮"在《楚辞》中的特点是：出现的上下文位置可以有停顿，而且有一定的语法关系。譬如，"抚长剑兮玉珥"，"兮"停在"长剑"和"玉珥"之间，而这个停顿的地方就是表示二者语法关系之处，亦即"之"字，是用来引进修饰者的关系的位置。"乘回风兮载云旗"里的"兮"落在"乘回风"和"载云旗"的语法关系的地方：这个位置既可以是"而"，也可以是"以"。"兮"的位置是句法位置。于是他一语破的："这种语法关系可以用虚词来表示，但没有用，而用了兮字。"这就是把发掘事实真相的工作向前推进了一大步。某个位置本来可以用"以、而、之"等表句法关系的词，但是没有用，用了"兮"字。廖先生发现了"兮"字填充语法位置的事实，但是问题也因此而更加费解：屈原为什么要这么做？为什么该用"以、而、之"的地方而不用，却代之以没有词汇和语法意义的感叹词"兮"字呢？这是屈原的发明创造吗？这种发明有什么道理可言呢？注意：大文学家一定是划时代的创造者，中国人所以几千年来一读到他的作品就爱不释手的原因，就是因为里面有一种说不出来的魅力——艺术魅力，语言魅力。魅力何在？我认为，其中一个重要原因就在于他把该用虚词的地方换成了"兮"。他为什么这么做？这么做在"语言文学理论"上有什么根据？回答这个问题之前，让我们再看廖序东所做的一

个非常有趣的比较:①

《九歌》体:吉日兮辰良,穆将愉兮上皇

《离骚》体:吉日而辰良兮,穆将愉夫上皇

《离骚》体:帝高阳之苗裔兮,朕皇考曰伯庸

《九歌》体:帝高阳兮苗裔,朕皇考兮伯庸

现在我们马上可以体会到诗歌创作方法的一条千古定律:超时空。什么叫"超时空"?我们先看廖序东先生如何把"九歌体"改成"离骚体"(或离骚体改成九歌体)的。"离骚体"的"兮"字在第一句句末;"九歌体"的"兮"字在句腰。二体如何置换呢?"吉日""辰良"的关系是并列,《九歌》用"兮"、《离骚》用"而"。"愉"与"上皇"的关系是动宾,中间加入"兮"字的是《九歌》,中间加入"夫"字的是《离骚》。《离骚》对《九歌》,其中的"兮"可以改为虚词,其中的虚词可以改为"兮"。秘密即在于斯:本来表示语法关系的虚词可以去掉,代之以顿叹律的标识词"兮"。这样一来,你不知道"吉日兮辰良"中"吉日"和"辰良"之间的语法关系是什么。问题是屈原为什么要这样做?很显然,他是要告诉我们:你不需要知道"具体的语法关系是什么"、你只要创造性地"构想意境"就行了。这样做有什么道理可言?我们认为,这就是诗歌创作的基本原则,我把它叫作"超时空":一种去掉句中标示时间和空间的语法标记的文学手段。当把"时间和空间"的标记都去掉后,所达到的效果就是"超时空意境"而不是"具体时空的行为和事件"。因为只有把"具体的语法关系词"去掉之后,作者才能自由地创造意境,读者才能自由地再造意境。我认为这是诗歌艺术创造的一大原则。比较下面的(a)和(b),即可明了。

---

① 《楚辞语法研究》,北京:商务印书馆,2006年版,第69页。

(a)小桥旁边的流水的附近的人家、古道上面的西风里面的瘦马，

　　(b)小桥流水人家、古道西风瘦马，

哪个更合语法？哪个更有诗意？不言而喻：前者更合语法而后者更富诗意。但是，什么文学"原理"、什么语言学"原则"能让(b)比(a)更富于诗意之美呢？显然，除了"超时空理论"没有能够让这里的语法条例可以产生美感的更好的原理了，起码目前如此。因此，"超时空"可能正是我们寻找的诗歌语法的美学定律。从这个意义上说，我认为屈原是中国文学史上第一个有目的、有意识地用"兮"取代"时空"标记的大文学家，是第一个有目的、有意识地用"超时空"手法取代"具时空"标记来创造诗歌之美的语言大师。

　　根据上面的分析，我们可以概括出下面两条《楚辞》的诗体原理：第一，楚辞的韵律是顿叹律；第二，楚辞的诗法是超时空，亦即"兮主顿叹，兼代时空"的综合艺术效应。换言之，兮字"一身而二用"，既表抒情，亦可替代时空语标记。兮主顿叹，顿叹主抒情，所以"兮"是抒情标记；兮不仅顿叹，而且占据虚词的位置，因此'兮'也是超时空的诗法标记。

　　诗句可以根据超时空原则创造美感。超时空，从语言学角度说，就是把标识功能的成分(functional word)部分或全部地去掉。没有功能词，句子成分之间的关系就不能表现，而这恰恰是文学艺术所要达到的一种境界："小桥、流水、人家"，这三者之间的关系是什么？在诗人的脑中，它们不是按照具体的时空次序和方位排列的，而是按照超时空、跨维系的方式存在的。诗人的目的就是让读者自己根据自己的经验和理解去"再造"、去自由地组织这些意象，这就是本文所谓"文学意境的重建(the reconstruction of literary image)"的超时空语法的文学功能和美学手段。现在我们明白为

什么屈原要"去时空"了,因为去掉了时空就能把词语代表的意象自由地在理想的时空里超维度地构建。诗歌何以美的原因之一,就是因为诗歌没有限定你如何理解,而是给你自由,让你自己把"意象"编织为自己理想的"意境"。正因如此才"诗无达诂"。"诂"是解释,"达"是"通达",意谓诗歌没有通行的、单一的解释。在我们的理论框架里,这是必然的,因为诗人有意无意地去掉了让你可以根据语法来确定关系的功能词,代之以"诗家"表达情感的特殊符号,或是顿叹标记,或是其他标记。如果换上另一个人,我们很难想得到可以在"之、乎、者、也"的位置上换一个叹词"兮"字;更有难者,这个"兮"字所居之位非常讲究:诗行倒数第三个字的虚词位置[1],正因如此,才达到了"超时空美学"的境界。可以说《楚辞》是第一次系统地使用顿叹词来实现超时空,从而创造诗歌之美的千古绝唱。

7.3 楚辞在节律上的突破

在第六章里我们看到,四言诗是二步律(2X2),一行两个节律单位,一个单位至少要两个音步(节拍)。这是汉语诗歌自《诗经》以来最基本的诗行形式。《离骚》打破了这个格局。"苟余情其信姱以练要兮"一句九言,不复四字。有人会问:《离骚》里面的九言诗行如何划分韵律单位呢?首先,虚字是间拍词——在节拍之间不算拍数。什么叫不算拍数呢?譬如"落霞与孤鹜齐飞"中"与"字,[2]

---

[1] 没有被"兮"字取代的虚词在诗行里面的语法功能,在我们的系统里仍然可以按照"超时空化"的艺术来理解。

[2] 参冯胜利"汉语诗歌研究中的新工具和新方法"《文学遗产》2013年第2期。144—154页。

就不参与拍数的计算;因此该诗行的节拍是:"落霞/孤鹜/齐飞",三个节拍。在第一、二拍之间加一虚字(与),总的拍数并没变,所以"与"字叫"间拍词"或"韵律虚词";从节律音拍上讲,也可以叫"间音"。无论如何,分析家的任务是要根据上下文判断出其中的"韵律虚字"是拖拍的、还是间拍的。据此,上面的九言句中的"其、以"是间拍字,或前贴或后补,不占真正的拍数;其中的"兮"字是拖拍的,也不占核心句的拍数。那么句首的"苟"字是不是独立成拍呢?前面说过,"帝高阳之苗裔兮"中的"帝"后有个停顿,是一个半起拍,因此,"苟"应该读为如下节律:

"苟　/余情其　/信姱　/以　/练要兮"

σ　　σσ　　　σσ　　　　σσ

　　音步　　音步　　　音步

屈原在诗歌历史上另一个巨大突破就是打破《诗经》的格律,创造了"一个诗行多于两个音步"的诗体格式。他的这一发明反映在《楚辞》的节律组织上:两句一韵,两行一联,两联一组(一个绝句)。每押一韵都是按照绝句的格式为单位。由此看来,绝句应该比律诗出现的还要早,它是两联一个单位的最早的韵律表现。诗歌一般的构造模式是:一对诗行为一组、两组诗行为一最小的独立诗体(或诗节 stanza/quatrain),这是诗歌语法。《宋书·乐志》所记载的汉魏六朝乐府诗,多以四句为"一解"。"一解"可以理解为一组,四行诗为一组;"解"就是后来的绝句。近代学者也有认为《楚辞》是按"解"来组织的。屈原有没有"解"的概念,不关紧要,如果说他不自主地、潜意识地按照四行一组的方式来组织诗歌(《楚辞》大概有三百多个"解")说明他是按诗歌构造的公式来组织的。如此看来,《楚辞》并没有跳出诗歌的模式。那么它的突破在哪儿、变化在哪儿?其规律又在哪儿呢?我们说《楚辞》不离其宗的变化就是充

第七章 《离骚》的顿叹律与抒情调

分利用顿叹律——它让你停顿,有的是在句间,有的是在句尾。用顿叹词实现顿叹律、用顿叹律表达感情的激荡,这就是离骚、这就是楚辞。

当然,我们也注意到《楚辞》一方面用'兮'代替或充当虚词的功能,另一方面还用其他的虚词发挥"同样"的作用。虚词不像实词有具体所指的概念意义。虚词在《楚辞》里也可以替换,不一定"恪守"其语法功能。为什么《楚辞》中虚词如此特别呢?因为虚词还有一种缓解节奏的功能——虚词的"协律功能"。正因如此,对倒数第三个字的虚词更理论化的示解(interpretation)是:倒数的第三个字是"间语词"(或者是停歇点),处在间拍的位置。我们回头再看"之、曰"所在的位置,都有一个共同的特点:该处都不能填以真正的实词。为什么呢?因为在读"帝高阳之苗裔兮,朕皇考曰伯庸"的时候,其中的"高阳""苗裔""皇考""伯庸"是句子的主体成分,中间的那些虚词是间拍的。因此,廖序东先生在《楚辞语法研究》中的分析是对的,亦即:

    固 | 时俗 | 之 | 工巧 兮, 偭 | 规矩 | 而 | 改错
廖序东 一拍 二拍 一拍 二拍 一拍 二拍 一拍 二拍
本文 半起拍 一拍 间拍 一拍 半拍 一拍 间拍 一拍

不难看出,本文的节律分析和廖先生对"拍数"的处理方法有所不同。[①] 真正的节拍在屈原创造的"骚体"及其后来发展成赋的"赋体"里面,以主干词语为节拍;可以一句两个或三个节拍。但上面的单字则不然。"固""偭"都是半拍,中间的"之""而"是间拍。这样一来,屈原并没有违背《诗经》的二步律(一行两个音步)。如果

[①] 本文的"拍"均源自启功先生的"节"(参"骈文、韵文中的律调句和排列关系"载《启功全集·第一卷》69—74页)。

说《诗经》格律一行两个音步,那么根据廖先生的分析,屈原的一行多出了许多节拍。然而,根据我们的分析(本于启功先生的"节"),屈原实际上并没有增加主干节拍;他只不过在主拍之间添加了一个间拍虚字,其"主拍数"还是两个(两个音步)。因此,他改变的是:句首用半拍起,两拍之间加入一个间拍词。这里我们不是说虚词没有语法功能,而是说虚词可能是轻读的(或节律外成分 extrametricality),在感情发出的时候有凸显嗟叹的功能。同时,它们还有另外一个重要的功能,也就是它把诗的"齐整"性变成了"参差"性。① 尽管如此,原句的主体还是两拍(两拍主旋律),所以它是"异而未变",只是在主旋律的间歇或边缘之处增加了一些"修饰音符"而已。"变而有矩",这"矩"就是我们所说的诗歌模式。但这"有矩之变"的小小一步,却让汉语诗歌的革命向前迈进了一大步。

此外,《离骚》"两句一韵,两韵一换,四句一解的韵律格式"不但承袭了此前的造诗原则,同时,也遵循了汉语诗格(构诗模式)的潜在规律。那么《楚辞》自己的韵律创新有哪些呢?首先,在如何实现最佳诗行的问题上,它不是像《诗经》那样用两个实足的音步来组合,而是在两个实足音步基础上间以虚词,且用半拍起。这个半起拍是非常值得深入探讨和研究的。其次,在如何实现一句两段的问题上,《九歌》体概用的"兮"字充分体现超时空的美学效应。第三,间拍词、半拍起的节律,将齐整律的《诗经》体一下子变成了"参差律"的散文体。前面说过,屈原的革命是"变而有矩","矩"是齐整(二步律),"变"是参差(间拍律);但是"齐整"与"参差"二者彼此矛盾,于是,到了六朝我们看到文笔之别;到了隋唐出现了骈散之争。我认为这是屈原播下的汉语"骈散韵律"之美的种子。如果

---

① 有关"悬差律"的严格定义,参见本书第二章。

是屈原的时候就播下了骈散之异、之合、之美的话,那么到底是屈原的创造呢,还是汉语的特点呢?是人为的创造呢?还是自然的属性而不可避免呢?这又是值得我们深入思考而至今未解的汉语文学语言的大问题。由此而言,本章的研究不仅是理论指导下揭示出的结论,更重要的是从新的视角下迸发出的问题。

本章思考题:
1. 举例说明什么是顿叹律;《楚辞》之外的诗歌有无顿叹律?
2. 什么是"超时空"?分析《楚辞》(或其他先秦文学作品)中一至二句的超时空的语言艺术。
3. 举例说明楚辞中"兮"字超时空的语法功能和美学功能。
4. 什么是"间拍词"?《诗经》中有没有间拍词?为什么?
5. 根据"日月//忽其/不淹//兮,春/与/秋//其/代序"的节律分析,讨论"苟余情其信夸以练要兮,长顑颔亦何伤"中的节拍划分。

第八章　三音节的韵律特征与三言诗的历时发展

前面我们介绍了"二言诗"的消亡和楚辞的韵律贡献。本章将专门讨论三言韵律的发展。三言(或三音节、三字串)在汉语的韵律系统中占有极其重要的"枢纽"地位,它不仅具有语言学上的形态功能,而且具有文学上的文体功能。这是研究汉语韵律和文学的学者首先要了解的。

在语言学领域,三言可以决定句法的范畴(构词法里所谓"2+1"构词、1+2造句的不同);在文学领域里,三言可以决定文体的类型(三言诗、三言句)。从历史的发展上看,三言的出现及其所特具的形式功能,在汉语历时句法演变中起到了促发变化的作用,在共时语法系统中发挥着给词语标界的作用。

根据近年的研究,我们认为"三音节单位化"是汉朝以后韵律发展的结果,它给汉语文学的发展带来了文体类型性的突破:三言诗的出现、五言诗的成熟以至于讴谣大赋均离不开三言。没有三言,很难有中古以后的诗歌形式。

本章首先讨论三言的韵律特点,其次说明古今韵律的不同及古代韵律结构的演变。在此基础之上进而提出:三音节音步的出现是双音节音步发展的产物;五言诗的产生是三音节音步发展的结果(五言诗的发展韵律分析,参第九章)。

8.1 三言韵律的一般特征

先看三言的韵律特征。首先,三言不是标准的音步。汉语的标准音步是二言(两个音节)。这不是人为的规定,而是我们在第二章介绍的当代韵律学中两条普遍原则的派生结果。第一条原则是"相对轻重律",第二条原则是"音步二分律",亦即:

(1) 相对重音原则(参 Liberman,1975)

人类语言的重音均为相对,而非绝对的形式。

(2) 音步二分律(Binary Branching Condition)

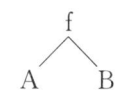

```
      f
     / \
    A   B
```

一个音步至少由两个成分组成。

人类语言中的轻与重不是绝对的:轻是相对重而言,重也离不开轻。因此,一个最小的"轻重"片段就是该语言中的最基本韵律单位,我们叫它"音步"。可见,音步的二分律实际是由"轻重相对律"决定的。相对轻重律和音步二分律是人类语言的普遍原则。

原则虽然是普遍的,但现象仍然是纷繁的,其原因就在于实现原则的参数的不同。就韵律系统而言,不同的语言可以通过不同的韵律单位来组合音步、满足轻重——要么音节,要么韵素(mora 韵母的构成要素,如:"kan"里的"an"是两个韵素,ba 里面的"a"是一个韵素)。在当代语言学理论中,这些语言各异的不同单位,就是不离其宗的致变因素。如第六章所示,远古汉语以双韵素为音步,西周以降以双音节为音步。然而,如何决定汉语的音步并不简单(参 Yep,1992;王洪君,1999;Duanmu,2000;Chen,2000),然而无论理论如何复杂,下面的事实可以清楚地告诉我们:现代汉语的音步以音节为本("()"表示节律的单位,打"＊"号的表示不合法的形式,下同):

(3)(55)(55)5　　　　　＊(5)(55)(55)

　　(加利)(福尼)亚)　　　＊(加利)(福尼)(亚)

　　(布尔)(什维)克)　　　＊(布)(尔什维)(克)

　　(55)(55)(55)5　　　　＊(5)(55)(55)(55)

　　(柴米)(油盐)(酱醋)茶)　＊(柴米)(油盐酱)(醋茶)

　　(布达)(拉斯)(巴里)斯)　＊(布达)(拉斯)(巴)(里斯)

如果汉语的音步以音节为单位,那么我们自然可以推出如下两条定理:(一)单音节成分不足以构成一个独立的音步;(二)三音节组合不能构成两个音步。亦即:

(4)　＊f　　　f　　　＊f　　　f
　　　｜　　／＼　　　｜　　／｜＼
　　　σ　 (σ σ)　　(σ)　(σ σ σ)

据此,挂单的第三个音节必然要贴附在一个双音节音步之上,于是构成"超音步"(superfoot)。为通俗起见,我们称之为"大音步"。这就是三言的第一个属性:三言的被迫性或派生性。三音节音步的被迫性直接导源于双音节的音步:没有双音节的音步模式,就不会有三音节的音步结构。就是说,三音节音步是从属的。下文我们将看到,三言的被迫性和从属性,在文学发展史上扮演了极其重要的角色。

从汉语音步的类型上看,三言的独特性还表现在它大于一个标准音步(standard foot 两个音节),是为"大音步",但又不足于两个音步(最少要四个音节),于是介乎双音节标准音步和四音节复合音步之间。有了三言,汉语音步的基础单位可以概括为"小不减

二、大不过三"。这又是音步类型上的三言属性。

如果我们从两极式区别性特征的语音分析法来看的话(亦即+/-distinctive features),那么"三言"不仅可以和二言形成两极的对立(+/-Minimal foot),同时它自身的结构也可以构成1+2或2+1式的两极对立(+/-Left 或+/-Right)。无疑,二言音步和四言复合音步在这一点上是无法企及的。这是三言在语音(prosody is phonology)区别性特征上的一个重要属性。

三言的[1+2]和[2+1]结构,不可避免地使它们在音步实现的方向性上产生巨大差异:[2+1]是左起音步,[1+2]是右起因步。这是三言音步自身独具的"反向性",其他的音步类型也望尘莫及。

三言音步的"反向属性"非同小可。在汉语中,[2+1]是构词音步,[1+2]是短语音步(参冯胜利,2000)①。譬如:"复印文件"是2+2,它既可以理解为动宾式短语,也可以看成是偏正性名词。但是,如果把它变成[2+1]"复印件",只能是偏正性名词;变成[1+2]"印文件",只能是动宾短语。[1+2]和[2+1]在汉语中赋有区分构词和短语的形态功能。这是三言音步的语法属性。

三言的被迫从属性又导致了它的伸缩性。一方面,在标准音步的强大压力下,三言在一定的情况下可以压缩成一个双音步,另一方面,在特定的韵律条件下,它又可以抻展为两个音步。前者如(5a)后者见(5b):

(5)(a)丈母娘→zhangm-niang　　大拇指→dam-zhi

---

① 当然,并非[2+1]的节律不能造句,但是[1+2]的节律一般不能造词。注意:"炒鸡蛋"即使是词也是 lexicalization(短语变成词),不是 lexical formation(词法造词),因为"成词"不等于"造词"。

电冰箱→冰箱　　　　　手电筒→手电

(b)(狡兔)(死＿),(良狗)(亨＿)

(左＿)(牵黄),(右＿)(擎苍)

按照传统的吟诵方式,"狡兔"和"死"可以各为一拍,"死"便独立成步。注意:单音节独立成步,要么靠拖腔(拉长元音),要么靠停顿(加上空拍);不施加特殊的手段则难以独立,因为汉语的音步是双音节。然而,三音节中的"单"拉长为一个音步也是允许的,这和[1+1]中的"单"完全不同("狡兔"和"死"之间可有短暂间歇,但"狡"和"兔"之间不容间歇,这是标准音步和超音步间的最大不同)。

上述诸种属性直接导致三言结构的松紧不同。首先,如果右向构词,左向造语,那么毫无疑问:右向音步紧,而左向音步松。这是从词汇和短语之间的松紧度来看,如果从三言中的"单"可延为一个音步的情况看,也同样[2+1]紧,而[1+2]松。为什么?请看:

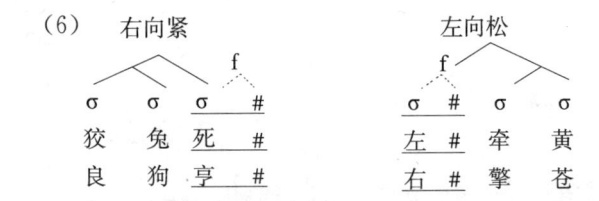

(6)　右向紧　　　　　　　左向松

$$
\begin{array}{ccc}
& \text{f} & \\
\sigma\ \ \sigma\ \ \sigma & \# &
\end{array}
\qquad
\begin{array}{ccc}
& \text{f} & \\
\sigma & \# & \sigma\ \ \sigma
\end{array}
$$

狡　兔　<u>死</u>　#　　　　<u>左</u>　#　牵　黄
良　狗　<u>亨</u>　#　　　　<u>右</u>　#　擎　苍

在右向音步里,单音的延长在三言结构之外;而在左向音步里,单音的延长在三言结构之内。这种由三言反向性决定的松紧属性的对立,不仅在语法上,同时也在文学和它的发展史上发挥了巨大的作用。

最后还要指出的是,三言结构在(核心)重音的实现上也反映出了强烈的对立。[1+2]的重音在后;而[2+1]的重音居前。原因很简单:2比1重。这就是为什么"*酒工厂、*帽商店"等的[1+2]名词复合不能说,以及"*阅读报、*购买书"等的[2+1]动宾不上口的韵律原因,因为前者要左重;而后者必右重。

由上可见,三言并不简单,它具有"多种类和多层次"的属性。当然,三言自古就有,那么其语法特征是否自古而然呢? 我们认为:虽然三言自古就不乏其例,但是上古的三言和后来的三言,不能同日而语。因为古今韵律结构的系统不一样。因此我们不能把字面相同而结构不一的形式,混为一体。譬如:《尚书》里的"扑灭"是并列(从"扑之+使灭"来),而六朝以后的"扑灭"是动补(从"扑火+火灭"来)。这是字面相同但结构不一的例子(汉以前没有动补结构)。再如:[1+2]的"*酒工厂",汉语不能说(只能说"酒厂"或"啤酒厂"),但是[1+2]的 Beer garden 在英文里却极其自然。这是结构相同(都是[1+2]的名词组合)但在不同的韵律系统中,则有不同语法限制。三言的古今形式,也当作如是观。当然,不明古今韵律的系统有何不同,则很难判断古今三言的形式有何差异。因此,研究三言的韵律,不得不从汉语韵律的发展变化入手。下面我们将看到,在汉语的韵律系统的转变中,三言的语言和文学作用,不到双音节音步的建立则无法产生;不到三音节大音步的建立则无以为用。

8.2 三言韵律的起源与五言诗的出现

如果如第六章所论,音步类型的改变直接导致了四言体,那么它和三言有什么关系呢? 我们认为:三言和双音步的发展密不可分。

必须清楚,不管一个语言的韵律结构如何,它都不可能限制该语言中自然语句的音节数量。我们没有证据说人类的某种语言因为韵律而不能使用某种音节数量的句子(词汇例外)。因此在自然语句中,无论原始汉语,还是后来的汉语,三言的句子均不乏见,更何况古代汉语是单音节语言,三字句的情况就更属难免。然而,这里必须区别的是:三言语句的使用和三言音步的建立是两回事。三言语句在韵素音步的语言里是自然现象,在音节音步里也势所必然。所不同者:在韵素音步的系统里,三音节是自由的(单音节可以自成音步);而在音节音步的语言里,它是强制性的(单音节不足音步)。正因如此,在韵素音步的系统里,三言可以分析成三个音步(视每个音节的构成而定),而在音节音步的语言里,三言要么分析成两个音步(如 7a/c),要么分析成一个(大)音步(如 7b/d)。亦即:

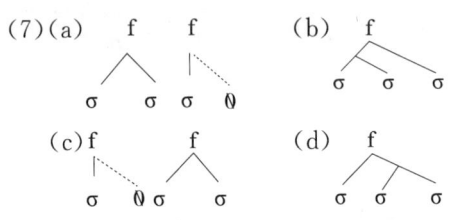

(7)(a)　　f　　　f　　　　(b)　　　f
　　　　 /\　　 |　　　　　　　 /|\
　　　　 σ σ　　σ　0　　　　　σ σ σ

　　(c) f　　　　f　　　　(d)　　　f
　　　　|　　　 /\　　　　　　　 /|\
　　　　σ 0　σ　σ　　　　　　σ σ σ

不难想象:在音步转型进程中(亦即由韵素到音节、或由单音节到双音节),前一种情况(7a/c)总是比后一种情况(7b/d)要多,因为前一种情况的出现可以毫不费力,而后一种情况则需要变化的条件。所谓毫不费力,是说在转型期间,新旧交替的两种音步不可避免地要同时并存(也是语言演变重新分析的要求和条件),因此,在三音节的语境里,如果其中的两个音节可以按照新型音步来建立,那么挂单的那个则可毫不费力地保持旧有音步的形式(或以加"∅"方式或延长元音的方式重新分析①)来实现独立,于是形成两个音步(一个实音步、一个虚音步)。而大音步(如 7b/d)的情况就不同了,它需要新的条件:一则有赖于单音节音步的彻底消失(单音节

---

① 在现代汉语里,用加零形式或延长元音的方式来保证单音节音步的情况,仍然存在。

第八章 三音节的韵律特征与三言诗的历时发展

音步不再合法),一则取决于双音节音步的普遍建立。然而,如第六章所论,时值春秋战国,"吾 *ŋa"和"我 ŋalˀ"一类的不同仍用韵素来区分,可见双音节的音步并未完全取胜,即使当时上声调已基本成型(段玉裁《六书音韵表》:"上声备于三百篇,去声备于魏晋")。这样看来,春秋战国之际的韵律演变,不仅有新旧结构之争(在单双音步之间),同时也是(7a/c)和(7b/d)两种形式之争(在三音节一个音步还是三音节两个音步之间)。

据上述分析及当时的语言实际,我认为:先秦的三音节和汉以后的三音节不能同日而语。事实亦然。首先,先秦没有三言诗体,公认的三言诗到汉朝才出现(见下文)。其次,先秦没有三言复合词,[1]构词法上的三言复合词到东汉才开始出现,即如:

(8) 养性书、马下卒、偃月钩、丧家狗、两头蛇、东南方、五音术、岁月神、工伎家(《论衡》)

这种类型的词汇,在先秦是看不到的。三言复合词是三音节音步独立的标志;因此三言复合词法的出现可以作为验证三音节音步独立时代的下限标准(亦即东汉)。其次,如上文所示,没有双音节的音步模式,就没有三音步的要求。如果我们采用"不经过词组阶段就径直构词"为标准的话,那么双音节模式的建立当在战国稍晚的时期(参程湘清,1992:74、112)[2]。如果三音节音步的出现以双音节模式为前提的话,那么双音节音步所导致的三言形式,当以战

---

[1] 严格说是没有三言复合构词法,三言专有名词如"大司徒"等均属例外,就如今天舞台节目名称"狮子滚绣球"一样,不属构词法的产物(参《论汉语词汇的多维性》,冯胜利,2001)。

[2] 《先秦双音词研究》说:"一批由同义单音词并列组成的双音词甚至并不经过词组的阶段就径直在交际中出现了"(74页),又说:"进入战国时期以后,联合式双音词的增长速度却比偏正式显著加快了"(112页)。

国为起点。像双音节音步的发展经历了漫长的时间一样,三音节音步的发展也经历了相当长的时间。三言形式从战国开始萌发一直到西汉以后,才产生出完整的三言体诗歌(如《安世房中歌》等)。然而,这种发展不是三音节音步的功劳(它还在形成之中),而是双音节音步促发和迫使的结果(参上文"没有双音步,就没有三音步"的原理)。正因如此,三音步不仅需要孕育发展的时间和过程,而且原始的三言和后来的三言在结构上也不可能绝对雷同。三言的性质既不同,见于五言中的三言也不可能自古如一。值得注意的是:五言以三言为基础,没有三言的独立,不会有(标准的)五言诗出现。因此,最初的五言杂体(与最初三言同时者)和成熟的五言诗体(与独立的三音步同时者),也不能同日而语。

要之,文学上的"无"可能反映的正是当时的语言里的"无";而文学上的"有"必然基于语言中的"有"。[①] 五言虽然伴随三言的出现而出现,但是公认成熟的五言诗到东汉才有。[②] 有趣的是,典型的三音节复合词也到东汉才出现。我们认为:这不是巧合,而是五言诗必须待到三音节音步的建立而后才能成立的缘故。换言之,三言的出现是双音步迫使的结果,而三言诗的出现并不代表三音节音步的独立。三言诗中的三言是两个音步,而三音节音步是一个音步(大音步)。第三章提到,诗体的行句至少要两个音步,原始的二言诗如此(第六章),秦汉的三言诗也不例外。我们还知道,汉语最佳诗体的诗行不能超过两个音步(所以[2+2+2]格六言诗难以流

[①] 中国文学史上"小说"形式的不发达,可能有特殊的文化原因。因超出本书范围,兹不赘述。

[②] 《文心雕龙·明诗》:"汉初四言,韦孟首唱,匡谏之义,继轨周人……而辞人遗翰,莫见五言。"这基本上也是当代学者的一般共识:"五言诗的产生,当在东汉。"(郭预衡主编《中国古代文学史》120页)

行)。周秦的四言体如此,东汉的五言体也不应例外。因此,作为一种新兴的五言诗体,只有满足诗歌旋律两个音步的最佳条件才富有强大的生命力,这就是为什么"三言不独步,五言难为诗"的道理所在。

为说明问题,我们先来看《诗经》中的三言。据我们的统计,《诗经》中共有三十余首诗含有三言的句式,然而没有一首独立成篇。就拿三言比例最多的《江有汜》来说,其中的三言诗行最终还是离不开四言的框架:

(9)江有汜,之子归,不我以。不我以?其后也悔!
　　江有渚,之子归,不我与。不我与?其后也处!
　　江有沱,之子归,不我过。不我过?其啸也歌!

（《诗经·召南·江有汜》）

其他的三言就更是在四言(或五言)环境里才能出现:

(10)君子阳阳,左执簧,右招我由房。其乐只且!(《诗经·王风·君子阳阳》)
　　卢重环,其人美且鬈。卢重鋂,其人美且偲。(《诗经·齐风·卢令》)
　　胡为乎株林、从夏南?匪适株林、从夏南!(《诗经·陈风·株林》)
　　笃公刘,匪居匪康。乃埸乃疆,乃积乃仓。(《诗经·大雅·公刘》)
　　绥万邦,娄丰年,天命匪解,桓桓武王!(《诗经·周颂·桓》)
　　文王既勤止!我应受之。敷时绎思:我徂维求定。时周之命。于绎思。(《诗经·周颂·赉》)

无论嵌在四言中的三言节律如何(见下文),它们没有独立则毫无疑问。此其一,其次,从下面的图示可以看出来,上述《诗经》的三言基本都是[1+2],亦即:

(11)
```
左    执    簧
卢    重    环
卢    重    鋂
从    夏    南
笃    公    刘
绥    万    邦
娄    丰    年
```

虽然每行字间的语法关系不尽相同，但它们的整体结构都是1+2结构则无疑。如上文所示，[1+2]是短语韵律，它和[2+1]的构词韵律并不一样。这也说明，在《诗经》时代，[2+1]的韵律结构仍有待发展。更有趣的是，《诗经》大部分的三言均取[AΔB]形式。这里的"A"和"B"代表韵律实词，空三角"Δ"代表"韵律功能词"①。"Δ"的韵律功能性表现在它是连接音步节拍的"间拍成分"。举例来说：

(12)

惟 （草木）之（零落）兮， 恐 （美人）之 （迟 暮） （《离骚》）
  (σ σ)Δ (σ σ)   (σ σ)Δ (σ σ)
○×‖: × × × × × × │× × × × × │× × ○× :‖

谓 （荆衡）之（杞梓）， 庶 （江、汉）之（可恃） 《哀江南赋》
  (σ σ)Δ (σ σ)   (σ σ) Δ (σ σ)
○×‖: × × × × × × │× × × × × │× × ○× :‖

由上可见，"Δ"虽然常常代之以字（一般是句法功能词），但是它并不占据节律主拍单位的位置。《诗经》的三言很整齐地出现了一批[AΔB]式，如：

---

① 这里的"词"的含意指"单位"，其用法如同"韵律词"中的"词"（指韵律单位）。

第八章 三音节的韵律特征与三言诗的历时发展

(13) 摽有梅,其实七兮。求我庶士,迨其吉兮!

（《诗经·召南·摽有梅》）

墙有茨,不可埽也。中冓之言,不可道也。所可道也,言之丑也。　　　　　（《诗经·鄘风·墙有茨》）。

园有桃,其实之肴。心之忧矣,我歌且谣。

（《诗经·魏风·园有桃》）

山有枢,隰有榆。子有衣裳,弗曳弗娄。子有车马,弗驰弗驱。　　　　　　（《诗经·唐风·山有枢》）

阪有漆,隰有栗。既见君子,并坐鼓瑟:今者不乐,逝者其耋。　　　　　　（《诗经·秦风·车邻》）

匏有苦叶,济有深涉。深则厉,浅则揭。

（《诗经·邶风·匏有苦叶》）

溱与洧,方涣涣兮。士与女,方秉蕳兮。女曰观乎?士曰既且。　　　　　　（《诗经·郑风·溱洧》）

式微式微!胡不归?微君之故,胡为乎中露?

（《诗经·邶风·式微》）

夜如何其?夜未央。庭燎之光。君子至止,鸾声将将。

（《诗经·小雅·庭燎》）

麟之趾,振振公子。于嗟麟兮!（《诗经·周南·麟之趾》）

扬之水,不流束楚?终鲜兄弟,维予与女。无信人之言,人实迋女。　　　　（《诗经·郑风·扬之水》）

扬之水,白石凿凿。素衣朱襮,从子于沃。既见君子,云何不乐?　　　　　（《诗经·唐风·扬之水》）

夏之日!冬之夜!百岁之后,归于其居!

（《诗经·唐风·夏之日》）

苕之华,芸其黄矣。心之忧矣,维其伤矣。

(《诗经·小雅·苕之华》)

扬之水,不流束薪? (《诗经·郑风·扬之水》)

执辔如组,两骖如舞。叔在薮,火烈具举。袒裼暴虎,献于公所。 (《诗经·郑风·大叔于田》)

叔于田,巷无居人。岂无居人?不如叔也,洵美且仁。

(《诗经·郑风·叔于田》)

交交黄鸟,止于棘。谁从穆公?子车奄息。

(《诗经·秦风·黄鸟》)

营营青蝇,止于樊!岂弟君子,无信谗言!

(《诗经·小雅·青蝇》)

予其惩而毖后患。莫予荓蜂,自求辛螫。

(《诗经·周颂·小毖》)

殷其雷,在南山之阳。 (《诗经·召南·殷其雷》)

注意:"有、则、与、未、不、之、其"等词,在语法上均属功能词类("有"为轻动词"to be"更无可非议)。功能词弱读是语言的一般规律。因此,上古的"三言二步句"可分析为"[(重轻)(重Ø)]"或"[重Ø △重]"的格式。如果说《诗经》的[A△B]还是偶然的巧合,那么《左传》的三言也取[A△B]式,则不能不说它们代表了当时的一种韵律格式。譬如:

(14)城者讴曰:

"睅其目,皤其腹,弃甲而复。于思于思,弃甲复来。"(《左传·宣公二年》)

---

① 后一种格式更能代表当时[1+2]三言的总趋势,亦即[(重Ø)(轻重)]式。

第八章 三音节的韵律特征与三言诗的历时发展

周谚有之曰：

"山有木,工则度之;宾有礼,主则择之。"(《左传·隐公十一年》)

我们认为:这是先秦三言格式的一个重要特点。① 毫无疑问,这种三言格式带有明显的散文特征(使用"节律功能词"的结果),和后代的三言大异其趣。

伴随着双音节词语的急剧发展,三言到了西汉广泛流行起来。贾谊的《吊屈原赋》有"腾驾疲牛,骖蹇驴兮;骥垂两耳,服盐车兮"。这里仍是骈四以三,且衬以兮字。② 可见,三言的使用尚未独立。到了枚乘的《七发》,三言在文学上的风采才始现端倪:

(15)揄流波,杂杜若,蒙清尘,被兰泽,嬿服而御。(《七发》)

注意:这里的三言虽然仍旧是[1+2],但从句法结构上看,它已是清一色的"[动+宾]"式。这是三言句法中最富表达力的格式。历史发展到了汉代,文人终于找到了三言组织中最富有生气的文学手段! 这种带有鲜明动感的[1+2],无疑标志着三言韵律(≠三音节音步)日见其用的趋势。注意:"用"必源之于"体",体之不存用之焉附? 因此,这种三言的文学功用无疑基于当时语言自身结构的发展条件(双音节音步迫使之下的三言的发展)。

然而,我们期待的不只是[1+2]的"脱颖而出",因为[2+1]比[1+2]更能代表三言的独立性,因为[2+1]是三言紧音步(参上文图6),是静态音步。这,在西汉的民谣里已日见成熟:

---

① 在其他先秦文献中的三言诗句,也大抵如此。这里感谢杨宿珍博士为我查证这一点。

② 《楚辞》中《招魂》和《九章》的《抽思》等篇中尚有不少"三言加'兮'而为四"的句式,如"巢堂坛兮"等等,均不能说明三言的独立。

(16) 颍水清,灌氏宁;颍水浊,灌氏族。(《史记·灌夫传》)

狡兔死,良狗亨;高鸟尽,良弓藏;敌国破,谋臣亡。(《史记·淮阴侯列传》)

显然这里的三言和先秦的截然不同,不仅独立了,而且在结构上也突破了[1+2]的束缚。汉语的三言发展到这一程度后,才有了文学上"极尽其用"的可能。这,在司马相如的《子虚赋》里可以说表现得淋漓尽致:

(17) 于是乃群相与獠于蕙圃,媻姗勃窣,

上金隄,揜翡翠,射䴔䴖。微矰出,纤缴施。

弋白鹄,连鴐鹅,双鸧下,玄鹤加。

怠而后发,游于清池,

浮文鹢,扬旌栧,张翠帷,建羽盖。罔瑇瑁,钓紫贝。

摐金鼓,吹鸣籁。

榜人歌,声流喝。水虫骇,波鸿沸。涌泉起,奔扬会。

礧石相击,硠硠礚礚,

若雷霆之声,闻乎数百里外。

不难看出,司马氏有意地把[1+2]和[2+1]对应起来,编成一支[1+2]对[2+1]错落有致的三言交响曲。前者状动,后者述静;前者是空间距离的行为性移动,后者是时间平面的视觉性刻画。动觉视感,交替而行。[①] 读后令人拍案叫绝,叹为观止! 这不仅是文学家的造诣,同时也是三言独用的功能。我们在赞赏文学家的同时,绝不能忘记是语言给了他们取胜的武器。了解了语言发展的大背景,我们便不必为屈原遗憾——说他《离骚》里没有这

---

① 关于[1+2]和[2+1]的表达特征,同时可参 Knechtges(2002:364)所谓"动感效应 kinetic effect。"

样生动的三言画面;我们也不必为司马氏索取专利——说他发明了三言的功用。公道地说,屈原时代的语言,尚未发展出如此锐利的三言工具。文学家的伟大,就在于他们充分使用了时代所赋予的语言"利器"(亦即上章所揭屈原对超时空语法的利用),他们不能,也不可能利用下一代的工具来从事本时代的工作。① 前人说:一代有一代的文学。殊不知:一代有一代的语言。屈原的"二步参差律"(半起步加间拍词)、司马的"三言交差律"(2+1对1+2),说到底都是语言的产物。舍语言而言文学,犹如舍工具而论事功,岂止隔靴搔痒,也置前因后果于湮没无闻矣!

毫无疑问,三言诗行到了西汉始见独立,于是才有《郊祀歌》等一系列三言诗体的出现。然而,三言诗体中的三言并不能看作大音步。前面说过,大音步是一个音步(否则不是一个韵律单位),我们还指出,诗体的行句至少两个音步。据此,三言诗行必然是两个音步(当然没有人说三言诗行是一个音步)。事实上,"三言两步诗"的事实本身就说明:(1)三言诗歌的出现不是三音节音步的结果(因为三音节音步是一个音步);(2)三言诗的出现是双音节音步发展的必然(否则无法解释为什么两汉才有三言)。

人们会问:如果汉语的诗行是两个音步,那么五言诗是[2+3],其中的三言不是一个音步吗?五言诗行在西汉就出现了,岂不是三音节音步在秦汉就确定了吗?不错,五言诗体的确可以用来说明三音节音步独立性,但是不能拿它来做标准,否则我们便陷入循环的论证:一方面说三音步独立才有五言诗,另一方面又说五言诗出现标志着三音步的独立。事实上,五言诗的出现是三音节音步独立的

---

① 无疑,根据这里的理论,文学史上所谓沈约"创四声"的问题亦可得到自然的解释,因为没有语言的发展,就没有新体诗的出现,同时也不会有后来的"四声八病"。

结果,而三音节音步的真正独立当以语言上的[2+1]式构词法为标志。我们知道,[2+1]构词法到东汉才成立,那么,五言诗在西汉出现的事实怎么解释呢?让我们先看一看一般引用的西汉五言诗。①

(18)《汉书》载戚夫人《春歌》(引自《先秦汉魏晋南北朝诗》91页)

子为王。母为虏。	X(XX),X(XX)
终日　舂薄暮。常与死为伍。	(XX)(X(XX)),(XX)(X(XX))
相离　三千里。当谁使告汝。	(XX)((XX)X),(XX)(X(XX))

《汉书》李延年歌(引自《先秦汉魏晋南北朝诗》102页)

北方有佳人。绝世而独立。	(XX)(X(XX)),(XX)(而)(XX)
一顾倾人城。再顾倾人国。	(XX)(X(XX)),(XX)(X(XX))
宁不知倾城与倾国。佳人难再得。	(X(XX))/(XX)(与)(XX),(XX)(X(XX))

《汉书·五行志》

邪径败良田,谗口乱善人。	(XX)(X(XX),(XX)

---

① 注意:汉初的五言和杂言一样,不仅可"歌",且可入"乐"。这和文学史上的"词"的产生颇为类似。郑振铎《插图中国文学史》第三十一章说:"长短句的产生……是追逐于新声之后的必然现象"。有趣的是,汉初的杂言也是配以"新声"的长短句,但为什么没有发展出长短句的诗体来?我们不否认"歌"和"乐"对诗歌发展的作用,但这里必须明确的是:没有语言的基础,无法产生"只诵不歌"(案头文学)的诗歌体式。

桂树华不实,黄爵巢其颠。　　(XX)(X(XX),(XX)
　　　　　　　　　　　　　　(X(XX))
故为人所羡,今为人所怜。　　(X)(XX)(XX),(X)
　　　　　　　　　　　　　　(XX)(XX)

《汉书·酷吏传》
安所求子死？桓东少年场。　　(XX)(X(XX),(XX)
　　　　　　　　　　　　　　(XX)X)
生时谅不谨,枯骨后何葬？　　(XX)(X(XX),(XX)
　　　　　　　　　　　　　　(X(XX))

《楚汉春秋》载《虞美人歌》
汉兵已略地。四方楚歌声。　　(XX)(X)(XX),(XX)
　　　　　　　　　　　　　　(XX)X)
大王意气尽。贱妾何乐生？　　(XX)(XX)X),(XX)
　　　　　　　　　　　　　　(X(XX))

前两首不是完整的五言诗,当属西汉杂言诗一类,所以句法也比较自由(不是标准的2+3)。第一首里的"常与死为伍"是3+2,最后一行的"当谁使告汝"也可以分析为是3+2(有的版本作"使谁"),似乎和开篇的"子为王,母为虏"两句三言相对应。虽然其中的细节还可进一步研究,但它总体不是五言诗体的格局则无疑。

第二首的韵律也和五言诗有相当大的距离。除了"宁不知"不入五言诗律以外,其中两个"节律功能词"的位置(绝世而独立、倾城与倾国),带有楚辞"□□△□□"(吉日兮良辰)的节律风格,这也不是五言的格律。

第三首,如果纯从形式上看,基本有了五言诗的雏形。但是其中的"故为人所羡,今为人所怜",对今天五七言韵律化入血脉的人来说,当然可以读成"故为♯人所羡,今为♯人所怜",但在西汉的杂言时代,是否把"为人"断开入律,也有进一步研究的必要。

第四首除了语言尚欠圆熟以外,形式上似乎很接近五言诗体的要求,同时也在句中出现了一个[2+1]的形式。然而,西汉合乎这样标准的诗究竟太少了,少到我们很难拿它来立论。①

当然,最后一首确有资格作为五言诗体的代表。我们不妨比较一下它们三字尾的结构:

(19)(X (XX),(XX)X)　　已略地,楚歌声

　　 (XX)X),(X(XX)　　意气尽,何乐生

这简直就是一个立体对称"美术品":左右是[1+2]对[2+1]和[2+1]对[1+2];上下也是交错而对。整体是[12♯21]对[21♯12]。不管作者有意无意,事实是:节律安排,整齐而错落有致。这首诗不管语言如何,它节律上五言诗的特点是显而易见的。因此,西汉真正够得上五言诗体制的似乎只有最后这一首。然而,这首诗是否西汉人所作,颇有争议。②

---

① 必须指出:理论研究和事实描写的旨趣不同,方法亦异。事实描写当无所不包,只言片语,在所不遗。理论研究则不然,它以一般为对象、以预测为旨归,故凡所预设皆需有实以应之而后可为真。孤文特例而不足以依理推验者,则无以成说。詹鍈曰(1989:192),若五言成之于西汉,何后来二百年间而无继响?此"西汉五言诗说"理论预设所跋踬难通者。

② 曹道衡、刘跃进(2005)说:"(西汉)五言古诗惟有一首题为'虞美人'的……,可以说相当完整。不过,这首诗的真实性不能不叫人怀疑。"(见《先秦两汉文学史料学》418页)他们指出:张守节《史记正义》所引陆贾《楚汉春秋》的这条材料,很多学者表示怀疑;而《史记》载项羽为歌,"歌数阕,美人和之",但未载其辞。其次,戚夫人《春歌》、李延年《佳人歌》皆不完整,因此,"美人虞的时代怎么会超前出现呢"? 根据本书的韵律分析,这首诗也断非西汉作品。

综此以观,西汉不是没有五言,就像先秦不是没有三言一样,但是,西汉的五言和先秦的三言一样,都不能和后来所谓的三言诗体和五言诗体同日而语。事实上,一般公认的五言诗只有到了东汉才出现。这很自然,因为只有到了东汉,三音节音步才开始独立、语言才赋予三音节音步以特殊的语法功能。因此,要了解三音步的独立,不能不从当时的语言发展来看。如下文所示,三音节音步的语法功能不仅表现在词法的发展上,同时还作用于句法的历时演变。

8.3 三言韵律的语法功能

三言格式具有哪些语法功能呢?这可以从理论和实践两方面来谈。理论上说,韵律在缺乏形态的汉语里发挥着一种相当于形态功能的语法手段。实践上看,汉语的三言具有区别词汇和短语的语法功能。譬如(参:陆丙甫,1989;张国宪,1989;吴为善,1986;刘丹青,1994;王洪君,2000;叶军,2001;端木三,1999;冯胜利,2000;等):

(20) [2+2]	2+1 词汇	1+2 短语
复印文件	复印件	印文件
出租汽车	出租车	租汽车
预约日期	预约期	约日期
NN+NN	NN+N	*N+NN
鞋帽工厂	鞋帽工	*帽工厂
	鞋帽厂	*鞋工厂

VV+NN	*VV+N	V+NN
阅读报纸	*阅读报	读报纸
购买书报	*购买书	买书报
VO+N	*VOO+N	
负责工作	*负责任工作	
有害健康	*有伤害健康	
取笑老师	*开玩笑老师	

上面这些合法与非法的条件可以用三言韵律结构的句法功能清楚地区分开来:1+2是短语韵律,2+1是构词韵律。[①] 因此用1+2的方式造出来的名词复合词,一般都不合法(如*鞋商店);用2+1的结构造出来的动词短语,一般也不能说(如*阅读报)。更重要的是,如果1+2是短语韵律,那么"负责任"就不可能成词,因此在汉语里,没有三音节动宾结构可以成词而再带一个宾语的现象(只有两个音节的动宾可以做到)。这种[1+2]和[2+1]之间的严格分界,就如同英语里的形态语素:"-ing"标记动词(如 act-ing)、"-tion"标记名词(如 act-ion)。汉语里没有这种形态语素,但是我们越来越清楚地看到,汉语的韵律具有相当于这种形态语法的功能。[1+2]和[2+1]就是其中的一种。

　　上面的例子当然都是现代汉语的现象,人们不禁要问,那么古代汉语又当如何呢?最近的研究表明:随着远古汉语音段形态

[①] 运用上面的韵律规则必须区分不同的情况,譬如,"慢慢吃"就是[2+1]的短语,而"金项链"又是[1+2]的词。然而,"慢慢吃"是状动,不是动宾;"金"是区别词,不是名词。区分这些复杂的现象牵涉到诸如"核心重音的指派"、"最小词的韵律条件"、"嵌偶词"的识别以及'语词之间的界定'等多方面的理论和标准。限于篇幅,这里只能阐示结论而无法详其论证。读者可据后面的"参考文献"了解有关题目的详细论证。本书其他地方所引结论,情况类此则恕不一一注出说明。

(segmental morphology)的丢失,超音段形式(super-segmental phonology)便被用来作为一种补偿的手段:声调的出现是其例(已为人知),韵律的作用也是一例(渐为所重)。就三言而言,我们看到,到东汉末年,它的语法功能已日见完成:一方面发挥出"断词为语"的功能([1+2]);另一方面施展出组字成词的威力([2+1])。三音步组字成词的功能很容易看出来,譬如在《论衡》里,我们发现:

(21)养性书、封禅书、甘泉颂、功曹史、军下卒、马下卒、偃月钩、丧家狗、茧栗牛、两头蛇、桃象人、魍魉鬼、日月道、日廷图、四坎坛、太阳气、无妄气、五行气、阴阳气、东南方、西北方、图宅术、五音术、博士宫、明光宫、建章宫、济阳宫、梁山宫、万岁宫、都尉府、甘泉殿、谷城山、霍太山、劳盛山、劳成山、度朔山、平原津、上虞江、皖侯国、会稽郡、永昌郡、钱塘县、昆阳城、泉陵城、岁月(之)神、天地(之)神、传书(之)家、图雷(之)家、工伎(之)家、

无疑,[2+1]类型的词汇是东汉以后才开始成批出现的。由此可见,三音步的构词韵律(亦即2+1)不是自古而然,而是历史演变的结果。如果说演变也是一种系统的建立和调整,那么,[2+1]的建立必然促发与之对立形式的系统化(可以看作语法上二元对立的区别性特征)。换言之,[2+1]的构词属性,必然激活和强化对立形式的相反作用(亦即[1+2]韵律的短语属性)。事实怎样?请看:

(22)先秦:　　万乘之国,被围于赵。(《战国策·齐策》)

　　　　　　兄弟被侵……知友被辱。(《韩非子·五蠹》)

　　两汉:　　被刑戮、被反间(《史记》)

　　　　　　被毁谤、被污辱、被累害、被棺敛(《论衡》)

　　东汉:　　臣被尚书召。(蔡邕《被收时表》)

先秦的被字句只能用"于"字引出施动者,亦即:被和后面的动词之间不能插入施事者(王力说,见《汉语史稿》425页)。为什么?王先生没有说。现在看来很清楚:当时正值双音节音步发展时期,"被+V"先成词组,久则固化,终而成词。不成词不能解释为什么"被围"不能说成"被赵围"。然而,"被V"成词说虽然可解先秦之疑,但无法解释汉末的发展:为什么"臣被尚书召"里"被召"可以打开加入施事者?研究表明,这也是韵律的潜在作用:三音节[1+2]结构不能成词。如果[1+2]不能成词,"被VV"则必为短语。如果"被VV"是短语,则中间加入"施事者"也就水到渠成。由此可见,[1+2]式三音节音步把汉末的[被VV]抻成了短语。

前面看到:是[2+1]把"马下卒、偃月钩、丧家狗、两头蛇、魍魉鬼"等聚而成词,这里又看到:是[1+2]把"被VV"拆为短语。[1+2]和[2+1]的句法属性判若泾渭,二者的语法功能也相得益彰。有趣的是,它们彼此相反而又互补的语法作用同时发生在汉末,这不仅标志着三音步语法功能在汉语史上的首次出现,同时也说明了三音节音步在自然口语中的成熟与定型。

如果说时至汉末三音节音步才完成了它语法化过程的话,那么在后来的语言舞台上,它以全新的身份扮演出各种不同的角色,也更是理论预期的结果。我们认为:五言诗的独立正是这一新生结构的作用之一,因为正是这个时候(或者只有在这个时候),五言诗体才真正出现。请看:

(23) 青青园中葵。朝露待日晞。阳春布德泽。万物生光辉。常恐秋节至。焜黄华叶衰。百川东到海。何时复西归。少壮不努力。老大徒伤悲。

(汉乐府《长歌行》)

园中葵,待日晞[2+1] ♯ [2+1]

第八章　三音节的韵律特征与三言诗的历时发展　　189

布德泽,生光辉[1+2] ≠ [1+2]
秋节至,华叶衰[2+1] ≠ [2+1]
东到海,复西归[1+2] ≠ [1+2]
不努力,徒伤悲[1+2] ≠ [1+2]

不难看出:这首五言诗中的三字尾不仅自成一个"短语语义"的独立单位,并以之充当该句的焦点中心;[①]不仅自成一个独立的韵律单位,并参之以错落有致的[1+2]和[2+1]式节律的变换。这足以说明五言诗中的三言,是以独立的三音步格式,突破了"三言二步"的格局而出现的。

　　前文说过,一句诗行至少要两个音步。现在我们又看到:汉语诗歌构造的最佳格式是:一句诗行,只能两个音步。这就是为什么五言诗必须等待三音成步才能彻底独立。因为三言如果不是一个音步,那么五言就超出两个音步。当然,超出两个音步的诗行不是不能成诗,历史上有过六言就是其证。然而,超出两个音步的诗行都没有生命力,这也是不争的事实。事实上,五言诗以前是杂言时代,其中不乏三个(或更多)音步的诗歌体式。然而问题是:为什么唯有五言,而不是其他的言数,可以取四言而代之呢? 在我们的理论框架里,这个问题很好解释:因为在韵律的演变和重组过程中(从先秦到西汉),三言尚未独立成步。如果三言不是独立的音步,那么诗人除了四言以外别无最佳的选择;这就是为什么"汉初的诗坛,主要还是骚体和四言的天下"(《先秦两汉文学史料学》418页)的原因所在,因为那时没有别的"两个音步诗行"的

---

　　① 焦点需要重音,大音步与双音步的不同,在这里正好构成轻重的对立,使三音节音步承担起焦点重音的角色。注意:如果三言不是一个音步,那么它就无法形成这种对立。这也就是"六言"([2+2+2]或[3+3])难以显示"轻重之差"的不足所在。

语言基础。这就是为什么汉初,文人作诗只取四言的缘故;这也就是为什么西汉文学,诗取杂言,辞多散赋的道理所在。一言以蔽之:"没有三音步,不成五言诗"。三音步在文学形式上的功用,亦大矣哉!

上面的分析让我们看到,汉语韵律构词学和汉语韵律句法学的研究为我们了解汉语韵律的结构和功能,打开了一个窗口。透过这个窗口来看文学:不仅汉语的语言,就是汉语的诗歌发展也和韵律息息相关。具言之,原始二言诗中的二言和后来四言诗里的二言,有着发生学上的本质差异,而先秦的三言和五言诗中的三言也有着本质的不同。因此,如果把《诗经》里的二言与原始的二言混而为一,那么无法解释"为什么汉语诗歌的诗行都至少由两个音步组成,唯独原始不然?"如果对先秦(以至西汉三言诗)里的三言和五言诗中的三言一视同仁(都是两个音步),那么也无法解释"为什么在中国的诗歌史上,唯独五言诗可以开花结果,而六言诗则殊难成活?"[①]这些问题,在本书的理论体系中,都可得到相应的解释:三言的出现是双音节音步促发的结果(因为单音不成步);而三音步的建立才培育出五言诗这株诗坛奇葩(详细的论证见第九章)。

一言以蔽之,诗歌的形式牢牢地根植于她所赖以生存的语言土壤。萨丕尔说:"仔细研究一种语言的语音系统,特别是它的动力特点,你就可以知道它曾发展过什么样的诗。"(Sapir,1921:230)本章的分析可以说正是萨丕尔学说的一个汉语例证。这里我

[①] 七言诗不能简单地分析成三个音步,因为七言前面的四个音节可以构成一个"复合韵律词 compound PrWd"(参下文)。这就是为什么七言必须等待四言"成词"而后为诗的重要原因。详密的分析和论证参下一章。

们从一个新的途径和角度,重新审视了两汉文学的发展:秦汉是汉语转型的大时代,因此也是旧体文学转型和新体文学开创的风云变幻之际;而在这一语言演变的大背景下,如何研究、评骘当时的文学和文学家,也便成了我们这个时代学者的风云际会。

本章思考题:
1. 请从韵律、语体和文学形式上说明三言的韵律特征有哪些。
2. 为什么说"没有三音步,不成五言诗"?
3. 以汉乐府《长歌行》中的三言结构和功能讨论此前五言诗中的"三字尾"。
4. 讨论《郊祀歌》和《三字经》的韵律、风格及语体效应。
5. 用本章的韵律理论分析为什么"汉初诗坛主要还是骚体和四言的天下"。
6. 用上古文学三言和四言诗歌成体的韵律条件,谈谈你对萨丕尔(Sapir 1921:230)"仔细研究一种语言的语音系统,特别是它的动力特点,你就可以知道它曾发展过什么样的诗"这个观点的意见。

第九章 五言诗与七言诗发展的韵律条件

从前面章节的分析中我们就看到：从《诗经》到《离骚》，汉语的诗律经历了一个从"二步律"(《诗经》)到"顿叹律"(《离骚》)的发展过程。然而，自由灵活的"顿叹律"到汉朝以后就逐渐被字数固定的韵律模式所取代：先三言，再五言，最后是七言。是什么原因让汉朝以后的诗歌偏好奇数诗行呢？这里我们将看到：五言诗和七言诗的发展，都有其内在韵律条件和动因。下面我们试从汉语韵律学的角度来揭示它们发展中一些历史之谜，从而重申和总结本书的核心思想：古代诗体的构成与发展，是由当时的韵律机制所决定的。

9.1 单音节诗行和双音节诗行

前几章的诗体理论不仅可以帮助我们发掘汉语诗歌构造的基本形式，而且能够帮助我们解释汉代以来诗歌形式变化的历史发展。这里我将从韵律的原则上对古代诗歌的"言数"(不同音节长度的诗行)及其结构和发展做一个总结性的分析和探讨。

首先看单音节诗行。根据汉语"音步必双"的原理(参第三章)，如果一个音步最少要由两个音节组成，那么单音节就不能独立(不能组成一个标准音步)。① 这就意味着上古以后的汉语中,不存在由两个音节组成的诗行的诗歌(参第六章)。当然,由单音节词组成的独立短语是存在的,但是它必须使用零音节(停顿)才能构成一个合法的音步,像《左传·僖公二十八年》里的那样:

(1)晋车七百乘,〔鞿_〕、〔靷_〕、〔鞅_〕、〔靽_〕。

显然,单音节音步(亦即〔鞿_〕、〔靷_〕、〔鞅_〕、〔靽_〕)都在并列平行的情况下出现,这说明,汉语里的单音节的使用,包括诗行,离不开语境的支持。

双音节呢?双音节组成一个标准音步,左右平衡,在诗歌语言中作为一个基本单位发挥着"雅正"的作用。然而,在节律上它不能满足第三章指出的诗歌构造的基本条件:单独一个双音节的音步不能保证一行两个节拍的诗行旋律的要求,所以不具备独立承当诗行的资格。这就是第三章(8)中"诗行节律二分"规则的作用和影响。兹复述如下:

(2)诗行节律的二分原则

　　任一诗行必须至少包含两个节律单位。

当然,像我们在第六章所看到的,《弹歌》和《易经》保存着双音节的诗行,但这正是原始单音节(韵素)音步的例证,它们与我们这里所讨论的双音节(音节)音步的结构大不相同。如果说汉语从春秋以后(公元前722年—公元前481年)便开始了双音节音步的发展历程的话,那么此前或有二言诗,而此后则不会再有二言诗的存在。这是理论预测的结果。事实怎样呢?事实无疑证明和支持了这一点:二言诗是远古的产物,后代不复存在,一如第六章所证者。

---

① 现代汉语和中古汉语都存在着这类不自由的、非法单音节词的例证(参冯胜利,2000、2005)。

9.2 三言诗行和四言诗行

从二言诗体到五言诗体和七言诗体的发展进程中,不能没有三言和四言。如下文所示,三言和四言是五言和七言诗体的韵律条件。然而,和一般人所想象的正好相反:三言、四言的发展次序不是先有三言体才有四言体,而是先四后三。为什么呢?这也是中国文学史上的千载之谜,至今没有语言机制上的明确答案。本章即从韵律的原理和机制上来探讨这些问题。我们先从三言的诗律结构分析开始。三言诗行,如上一章所示,可以用下面的结构进行分析:

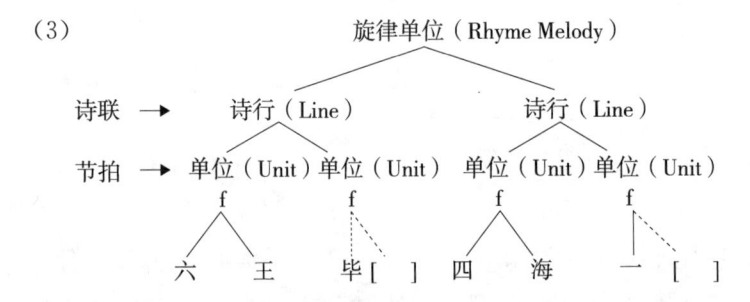

(3)
```
                    旋律单位（Rhyme Melody）
                    /                    \
诗联 →      诗行（Line）            诗行（Line）
           /          \              /          \
节拍 →  单位(Unit) 单位(Unit)    单位(Unit) 单位(Unit)
          f         f              f          f
         / \        |             / \         |
        六  王    毕 [ ]         四  海       一 [ ]
```

如(3)所示,三言诗歌的旋律单位建立在两个诗行之上,每一诗行各包含一个最小重复体(两个节拍或音步):一个是由双音节组成的标准音步(实音步),一个是由一个单音节和停顿组(或拖腔)成的"虚音步"。根据上面的结构分析和前面章节的理论,我们现在可以解释为什么三音节诗行不是流行和正式的诗歌形式。

首先,我们知道三音节诗行受到韵律系统的严格限控,常常导致非法的结果。① 其次,句法对三音节形式有强大的制约作用。例如:下面的"主语＋谓语"结构和"动词＋宾语"结构在文献中非常普遍。

(4)主语＋谓语　云从龙,风从虎。(《易经·乾·第一》)
　　　　　　　　岁将暮,时既昏。寒风积,愁云繁。(谢惠连《雪赋》)
　　动词＋宾语　乃置旨酒,命宾友。召邹生,延枚叟。(谢惠连《雪赋》)

然而,很少看到由一个双音节形容词和一个单音节形容词并列而成的三音节形式(带'*'的形式表示不存在或不合法)。例如:

(5)散漫交错、氛氲萧索。(谢惠连《雪赋》)
　　*散交错、*氛萧索
　　*散漫交、*氛氲索

同样,双音节名词和单音节名词的合并,亦即[NN＋N]或者[N＋NN],在东汉(公元25—220年)以前也极其鲜见,例如:

(6)西郊则有上囿禁苑,林麓薮泽。(班固《西都赋》)
　　*上囿苑、*林麓薮
　　*囿禁苑、*林薮泽

结果,韵律和句法的双重制约迫使三音节组合可以在动词性短语(VP)中自由来往,但却很难在形容性短语(AP)和名词性短语(NP)中出现。这是三音节语串受限的第一个方面。

三音节单位的另一特点是它一方面大于两个音节的标准韵律

---

① 因此,在非并列句中,如古代汉语中的"*何罪有",现代汉语中的"*浇灌花""*种植树""*阅读报""*购买书"等等,都不合法。这是因为句末的"空位"或"拖腔"在散句单行中很难实现的缘故(参冯胜利,1997)。

单位,亦即大于[σσ]$_{foot}$;另一方面又小于复合韵律词的单位(亦即小于四字格)。为使三音节诗行满足(2)中的分枝要求而成为两个音步的节拍组合,三音节里的那个挂单的单音节,必须与停顿的空位结伴,组成一个"虚音步",才能满足双分枝的"行律"诗法。如下图所示:

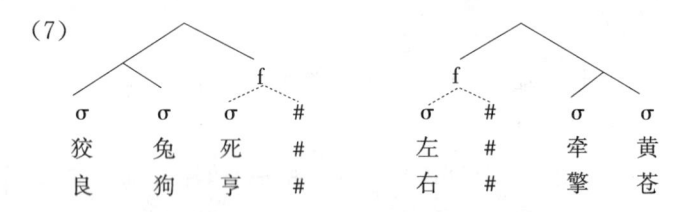

(7)

```
      f                    f
  σ  σ  σ  #          σ  #    σ  σ
  狡 兔 死  #          左  #   牵 黄
  良 狗 亨  #          右  #   擎 苍
```

显而易见,三音节韵律受到诸方面的限制,其中挂单者只有通过占据空位(零)的方式,才得以实现。① 遍照金刚(1975:17)在《文镜秘府论·天卷》说:"凡上一字为一句,下二字为一句;或上二字为一句,下一字为一句:三言"。这里的"句"相当于"顿"。就是说,(7)中的韵律分析是以古人的韵律语感为基础。正因如此此,西汉的三言诗行,均可作如是分析:

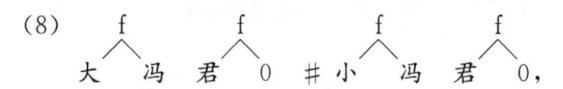

(8)   f   f   f   f
     大 冯 君 0 # 小 冯 君 0,
     兄弟继踵相因循。(《汉书·冯奉世传》)

事实上,三音节形式除了句法和韵律的特性外,还有其独特的语体属性。我们在第二章曾指出:[1+2]型悬差律具有很强的诙谐性的表意特征。譬如,今天三音节的动宾式熟语,几乎都是口语性的:

(9) 背黑锅 to take the rap(for someone),

---

① 林庚称这种现象为"半逗律"。

第九章　五言诗与七言诗发展的韵律条件　　197

戴高帽 to brown-nose,

撒丫子 take to one's heels,

尥蹶子 to kick back,

耍大牌 to be a diva,

……

这种三言的诙谐性功能和英语的五行打油诗一样,都是悬差律的语体效应。①

不仅如此,文学作品里,三言诗行独特的表意作用在叙述事件的语言艺术中得到了充分的体现。有些西方学者认为它们具有"魔法宗教力量 magic religious power"或"动感效应 kinetic effect"的艺术效果(Knechtges,2002:364)。我国文学评论史上对此也不乏入微描写。例如,《赋谱》在评论三音节形式的"诗语效应"时写道:"壮,三字句也。"而《文镜秘府论·南卷》更进而论道:

"开发端绪,写送文势,则六言、七言之功也;泛叙事由,平调声律,四言、五言之能也;体物写状,抑扬情理,三言之要也。虽文或变通,不可专据,叙其大抵,实在于兹。"

据此而言,如果我们说三字句具有戏剧化的修辞功能也不过分。简言之,三言的语言效力和文学功能,可以简括如下。

(10) a. 引出事件具有"发唱惊挺,操调险急"的效果②:

岁将暮,时既昏。

寒风积,愁云繁。(谢惠连《雪赋》)

---

① 参第二章有关"五行打油诗显然不适用于对庄重材料的庄重描述"的论证。(Laurence1963:200)

② 钱锺书(1979:1295)曾这样评论这类三音节展开的诗行:"发唱惊挺,操调险急。"

六王毕,四海一。

蜀山兀,阿房出。(杜牧《阿房宫赋》)

b. 描述事件的进行(Event Processing),具有极强的动感效应

浮文鹢,扬旌栧。

张翠帷,建羽盖。

罔瑇瑁,钓紫贝。

摐金鼓,吹鸣籁。

榜人歌,声流喝。

水虫骇,波鸿沸。

涌泉起,奔扬会。

礧石相击,硠硠礚礚。(司马相如《子虚赋》)

c. 结束事件,具有"戛然而止,简劲顿宕"的作用①

因回軨还衡,

背阿房,

反未央。(杨雄《羽猎赋》)

从所有上述这些三音节表达形式的作用来看,它们具有生动、惊挺、简劲、顿宕的表达效果。但正是它们这种"动宕"的属性才不适于表达正式、庄重或严肃的内容。这一点并未引起人们的注意,但这却是三言语体风格的典型特征。我们认为,这是三言文学属性的一大发现。

当然,有人会根据汉朝的三言的郊祀歌来反驳这里"三言不庄

---

① 钱锺书(1979:1295)曾指出三音节词的结尾作用是"戛然而止,简劲顿宕"。

典"的分析,说三言可以用为祭祀诗,何不庄重之谓? 既用为祭祀,怎么不庄重严肃呢? 其实,尽管西汉确以三言为郊祀之歌,但《汉书·礼乐志》中的记述则透露出三言诗歌"不雅"的底蕴:"(天子)常御及郊庙皆非雅声……今汉郊庙诗歌……皆以郑声施于朝廷。"可见,即使三音节形式确曾用于郊祀(郊外的国祭)活动,它们仍然带有口语和民俗(而非雅声)的味道。于是招来当时学者的非议和质疑,后代也不再有如此之作。

还会有人用《三字经》来反驳"三言不雅"之说,说《三字经》是教材课本,怎么能说它不庄重典雅呢? 其实,《三字经》不是为庄重正式的需要而创作的,它更像是一种"专为儿童创作"的韵文(如果不算是打油诗的话)。它采用的是一种为儿童喜爱的韵律,亦即"小胖子,坐门墩,哭着喊着要媳妇儿"或者"狼来了,虎来了,和尚背着个鼓来了"一类的儿歌形式。这种形式不宜于奉天祭祖,是非常清楚的。

总而言之,三音节形式因其韵律的属性及其修辞功能的特点,使得它们在诗歌中的应用不能像其他音节形式那样自由、普遍。然而,正如刘勰在他的《文心雕龙》中所描述的那样,三言可以"应机之权节",因此作为一种韵律修辞手段,三音节形式在诗歌和散文中也发挥着巨大的作用。简而言之,正是三音节自身的韵律属性,限制了它成为汉语诗歌模式的普遍形式。

这里我们不必赘论四音节的韵律和诗歌,因为显而易见,"[1+1]+[1+1]"的节律模式是一种平衡、标准和富于庄典性的结构。正如第三章中诗歌构造法所预测的、也为汉语诗歌历史所证实的那样,四音节韵律在汉语文学中是最普遍、最有影响力的诗歌形式。正因如此,才有《文心雕龙》所谓"四言正体,则雅润为本",《文章流别论》所云:"雅音之韵,四言为正,其余虽备曲折之体,而非音之正也"以及《诗镜总论》所论"诗四言优而婉"的精辟之论。①

9.3 五音节诗行与诗体

根据"单步不成行"和"单行不成诗"的构诗原则,五音节诗行应该像三音节诗行那样,是汉语诗体允许的形式。事实上,五言在诗歌中备受欢迎,因为它们满足了节奏双分枝原则(Rhythmic Binarity)和节奏旋律原则(Rhythmic Melody)的基本要求,如下图所示:

(11)

```
                    节奏旋律原则(Rhythmic Melody)
                         /            \
                        L              L
                       / \            / \
对句 ——→              f   F          f   F
                     /\  /|\        /\  /|\
                    青 青 河 畔 草   郁 郁 园 中 柳
```

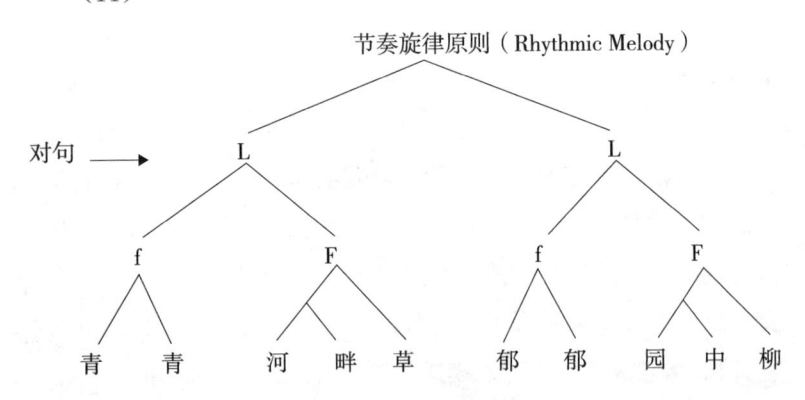

其中传统称为"三字尾"或"三字脚"的"河畔草"和"园中柳"被分析为一个单位,是大音步。但是,如果这些三字尾的[2+1]形式被分析为两个单位的话,譬如分析成:[[1+1]$_{foot}$+[1+0]$_{foot}$]

---

① 陆时雍《诗镜总论》还论及"(诗)五言直而倨,七言纵而畅,三言矫而掉,六言甘而媚,杂言芬葩,顿跌起伏。"可以参看。

([河畔]+[草_]),那么五言[2+[2+1]]诗行中的[2+1]就不是一个"三字尾"而是一个"一字尾"了。注意:五言诗(11)的三字尾和三言诗(3)的单字尾,大不相同。三音节诗行靠单字尾才能被分析为两个音步。《诗经》中的三字律充分证明了这一点。譬如:

(12)江有汜,之子归,不我以。不我以?其后也悔!

江有渚,之子归,不我与。不我与?其后也处!

江有沱,之子归,不我过。不我过?其啸也歌!

(《诗经·召南·江有汜》)

在上面的三言诗行中,最后一行的最后一个字加上了一个"也",这表明:每行最后一个字的音步都有两个位置,其中一个位置是空的(或用拖腔/空拍实现的),添加不添加语音形式都一样,亦即:[[1+1]+[1+0]]与[[1+1]+[1+1]]的并列。"也"是为满足平衡或实现诗律而添加在诗行中的"充位字",是节律上的衬字儿(比较(3)和(11)中的最后一个音步)。据此,杂言诗里的五言诗行([2+[2+1]])被分析为"[1+1]+[1+1]+[1+0]",就是非常自然的了。例如:

(13)战城南。死郭北。

野死不葬乌可食。

为我谓乌。

且为客豪。

野死谅不葬。

腐肉安能去子逃。

水深激激。蒲苇冥冥。

枭骑战斗死。驽马裴回鸣。

梁筑室何南梁何北。

禾黍而获君何食。

愿为忠臣安可得。

思子良臣。

良臣诚可思。

朝行出攻。莫不夜归。(《战城南》)

(13)是汉朝典型的杂言诗体,句子长短不齐,可按下面的节律分析:

(14)水深/激激。

蒲苇/冥冥。

枭骑/战斗/死__。

驽马/裴回/鸣__。

可以想象,根据(13)中这类长短不一、参差随机的诗律格式是无法发展出后期那种"有规则"的五言诗行的韵律格式的(齐整律)。因为如果三字串[σσσ]被分析为两个音步([(σσ)(σ__)]),那么五言诗行的分析结果就成了[(σσ)(σσ)(σ__)]三个音步的韵律格式,显然违反了汉语诗歌构造的优选原则。为方便起见,我们再看一下汉语诗歌的构造原则:

(15)汉语诗歌结构的最佳条件

汉语诗歌结构系统默认最基本、最小,亦即最佳的结构,因此汉语的最佳诗歌形式是:【{[(σ×2)×2]×2}×2】

一个最小音步＝两个音节

一个最小诗行＝两个音步(或者两个韵律单位)

一个最小旋律单位＝两个诗行(一个诗联)

一首最小的诗＝两个旋律单位(一首绝句)

如果要让三个音步的五言诗满足(15)中汉语诗律"每个诗行最多两个节律单位"的最佳要求的话,那么一种可行方法是强制五言诗歌中的"三个音节"变成三字尾,亦即"一个独立的大音步"。譬如:

第九章　五言诗与七言诗发展的韵律条件

(16) 子为王,母为虏。

　　终日　／　春薄暮,
　　常与　／　死为伍!
　　相离　／　三千里,
　　当谁　／　使告女。(《汉书·外戚传》)

而不能按照三言诗把最后一个字变成"一字尾",如:

　　终日　／　春薄　／　暮,
　　常与　／　死为　／　伍!
　　相离　／　三千　／　里,
　　当谁　／　使告　／　女。

事实上,传统吟诵法中,五言诗(七言)有"三字尾"的说法,而没有"一字尾"的事实。遍照金刚(1974:17)在《文镜秘府论·天卷》说"上二字为一句,下三字为一句;五言。"这说明五言诗中的最后一个单位(《文镜秘府论》中的"一句")是三个字,而不是一个字。比较:

　　上一字为一句,下二字为一句;或上二字为一句,下一字为一句:三言。

　　上二字为一句,下三字为一句:五言。——《文镜秘府论·天卷》

为什么三言和五言的最后一字都是"奇字",但是三言的最后一字可以"为一句",而五言的最后一字却不能"为一句"呢?为什么五言诗中的三个字要成为一句呢?显然,没有(15)中的构诗原理是无法解释的。换言之,《文镜秘府论》为我们的理论提供了可靠的古人的诗感和坚实的历史证据。

　　上面的分析告诉我们,三音节必须是一个单位(=《文镜秘府论》中的"一句")才能创造五言诗。然而,三音节形式从两个音步

(实音步＋虚音步)演变为一个音步(超音步)的过程,在汉语的韵律史上,不是一蹴而就的;它的酝酿、发展和成熟,经历和延续了很长的时间。据此,我们可以推断,在三言短语成为一个独立的韵律单位(超音步)之前,五言诗不可能获得充分的发展。这又是我们根据语言学的分析所作出的文学发展上的预测。这一预测可以成立吗?下面看到,这一分析可以从大量"表面无关而实则相连"的事实中得到证明:

第一,西汉以前没有三言诗体,更不存在三音节复合构词法。

第二,汉语构词法只有到了东汉才能自由地创造三音节复合词,也只有在三音节复合词能自由创造的时候,五言诗才兴盛起来。下面是东汉《论衡》中的三音复合词和汉乐府《长歌行》中的五言诗。这些例子表明了三音节复合词与五言诗之间存在一个平行发展的对应关系。

(17)(a) 养性书、封禅书、甘泉颂、功曹吏、军下卒、马下卒、偃月钩、丧家狗、茧栗牛、两头蛇、桃象人、魍魉鬼、日月道、日延图、四坎坛、太阳气、无妄气、无行气、阴阳气、东南方、西北方、图宅术、五音术、博士宫、明光宫、建章宫、济阳宫、梁山宫、万岁宫、都尉府、甘泉殿、谷城山、霍太山、劳盛山、劳成山、度朔山、平原津、上虞江、皖侯国、会稽郡、永昌郡、钱塘县、昆阳城、泉陵城

(b) 青青园中葵。　朝露待日晞。
阳春布德泽。　万物生光辉。
常恐秋节至。　焜黄华叶衰。
百川东到海。　何时复西归。
少壮不努力。　老大徒伤悲。(汉乐府《长歌行》)

在古典文学的分析里,这恐怕还是第一次把五言诗的发展与三音节词汇的发展放在一起来考虑;在语言学上,恐怕也是第一次把语言学的发展结果和文学的发展结果有机地对应起来,发现它们的平行进程。三音节复合词和五言诗的关系在于:只有等三音节形式成为一个独立的大音步之后(亦即遍照金刚的"句"),五言诗才开始出现和流行。① 一言以蔽之,三言不成步,五言不为诗。②

9.4 七言诗与四言格同步发展

9.4.1 七言诗行传统解释

如果说"大音步"是五言诗的韵律条件的话,那么七言呢? 解释七言诗发展的最大难题是为什么它成熟得如此之晚。以往的研究对这种缓慢性发展曾有过许多的解释,但是大多数都只关注外部的原因,而忽略了真正孕发七言的语言内部的韵律原因。譬如,余冠英(1942)提出过两个主要原因:一是"(两汉七言)佳制太少",

---

① 需要指出的是,五言诗行与三言诗行到东汉以后渐呈互补分布之势:五言成而三言衰。这一事实支持我们这里的分析,因为三音节音步的成熟一方面促进了五言诗的发展,另一方面则阻碍了三言诗的发展。

② 在这里我不拟讨论六音节的问题,只是想简单地指出它们的构成既不是基本韵律结构的结果(如果它的结构取 3+3,则 3 不是一个基本的音步结构);也不是优选的最佳结构(如果它的结构取 2+2+2,则不是两个节拍的最佳组合)。无疑,根据上文(15)的要求,六言不是最佳的诗歌模式。然而,[[2]+[2]+[2]]的结构虽为"诗律"所拒,却为"文律"所嗜,因此它最适用于骈文(parallel prose)的韵律。也就是说,它们特有的韵律结构和修辞功能,使得它们长于为"文",而短于作"诗"。(读者可参卢冠忠(2013)有关六言不成诗的分析。)

二是"不曾被采入乐府"。第一个恐怕更多的是结果而不是原因,而第二个也很有问题,因为三言虽然被采入了汉乐府中,但是汉以后三言诗歌日趋衰微。可见,诗歌形式的发展不是由"乐府"决定的,尽管汉乐府对诗歌的发展有相当的影响。

储斌杰(1990:136)提出另一种可能:七言"字数太多不能很快驾驭",所以发展得很慢。然而,正如我们将在下面(18)中所要看到的,很难将七言的缓慢发展归因于"七个音节的诗行很难在短期内掌握"这一假设。请看:

(18) 帝高阳之苗裔兮(屈原《离骚》)

　　 力拔山兮气盖世(项羽《垓下歌》)

　　 千秋万岁乐未央(《铜华镜》)

　　 我所思兮在太山(张衡《四愁诗》)

如上所示,到汉代,七音节的诗句(虽非后世七言律)已经使用了几百年,因此"字数太多不能很快驾驭"不可能是七言诗发展缓慢的内在原因。

那么,七言的缓慢发展究竟是什么原因造成的呢?如同上面探讨五言诗的来源一样,尽管七言的形成有着深广的历史文化和文学的背景,并且我们也不否认这些文学背景的作用,但是这里所要揭示的是:七言诗来源的语言基础是七言发展所以缓慢的语言学原因。我们的前提还是"什么样的语言产生什么样的诗"。具体到七言,我们更关心的是什么样的语言条件具备了以后,七言诗才得以产生这一"语言文学史"上的新问题。我们认为:七言所以发展缓慢的原因是由其语言内部的韵律结构所致。注意:这样的分析不仅要理证,也要实证;更重要的是这里提出的研究方向——从语言和语言学的角度探讨诗歌形式的产生。这无疑是正确的,后来的研究将沿着这里的方向,或继承之,或改良之,才能不断前进。

那么有了双音节标准音步,有了三音节大音步,有了字数少的五言,何以字数多的七言就产生不了呢?七言的成熟比五言晚了差不多三四百年之久(粗言之,从古诗十九首到鲍照(约415年—466年)的七言)。什么原因滞碍了它的发展?我们认为是韵律的机制。简言之,即七言诗行违背了汉语诗行成立的最佳条件——"最佳诗行由两个节奏单位组合而成"。亦即(15)所示:

"汉语诗歌结构系统默认最基本、最小,亦即最佳的结构,因此汉语的最佳诗歌形式是:【∤[(σ×2)×2]×2∤×2】"

显然,由于七言诗行包含的节奏单位多于两个,因此它们无法满足上面诗行的最佳要求。与传统的分析相反,在我们的理论中,早期的所谓的七言诗实际上并不是七言节律。这七个音节的诗行,根据(15)应断为两行,如下所示:

(19) [2]+[2]
　　　[1+0]+[2]

或者:

(20) [2]+[2]
　　　[2]+[1+0]

(19)和(20)都包含了三个或四个节奏单位,因此不具备最小、最佳或最基本的节律特征。根据汉语诗歌的优选原则(15),这些七言诗行无法构成一个独立的诗行。据此,七言诗所以晚的原因是"七言不成诗"。

9.4.2　早期七言为[4+3]节律的历史证据

根据诗歌的优选原则,早期的七言不能作为汉语诗行最佳的节律选择。这是理论的推断,有文学史上的证据吗?理论的正确必然会得到事实的佐证。我们发现,上述预测可以得到汉语诗歌发展史上很多事实的证明。最铁定的事实是《宋书·乐志》提供的记载:

(21) 《旧邦曲》

　　旧邦萧条心伤悲,
　　孤魂翩翩当何依,
　　游士恋故涕如摧,
　　兵起事大令愿违,
　　博求亲戚在者谁?
　　立庙置后魂来归。

表面看来这是一首七言诗。然而,《宋书》提供了一个让我们吃惊的事实:这表面六行的《旧邦曲》,事实上被记录为十二行。《宋书·乐志·四》中明言:"右《旧邦曲》凡十二句,其六句句三字,六句句四字。"由此可见,表面上看似七言诗,在古人那里并不是七言。换言之,我们已经失掉了那个时代的"诗感"、失掉了古人的"诗歌韵律感"。根据《宋书·乐志》,(21)中的诗句应采用下面的韵律解析,才有可能符合那个时代的实际"诗感":

(22) 旧邦萧条,
　　　　　心伤悲。
　　孤魂翩翩,
　　　　　当何依。
　　游士恋故,
　　　　　涕如摧。
　　兵起事大,
　　　　　令愿违,
　　博求亲戚,

> 在者谁?
>> 立庙置后,
>>> 魂来归。①

《宋书·乐志》的这一历史记录清楚地揭示了早期七言诗行的韵律:它们实际上是"4+3"式的"断行诗",或更准确地说是"双行诗"(以双行为重复单位的旋律)。这不正是我们理论预测的结果吗?它不仅支持了第三章中提出的"汉语构诗最佳条件"的理论原则(参上(15)),同时也支持了本章"早期所谓的七音节不是真正的七言诗,而是四音节诗行与三音节诗行组合而成的四三诗体"的逻辑演绎的理论推断。

上面的理论推断和实证,还可以从下面的事实中得到进一步的确认:早期的七言韵文里,正如赵翼在其《陔余丛考》中指出的:"汉人谚语多七字成句,大率以第四字与第七字叶韵"。这类第四个音节和第七个音节押韵的谚语,不胜枚举。譬如:

(23)《五经》无双,
　　许叔重。(《后汉书·儒林列传》)
问事不休,
　　贾长头。(《后汉书·儒林列传》)
赢牛岁马,
　　寒食下。(《齐民要术》)

吴庆峰(2002)说:"这样的句子,四字和三字之间都可以加一个逗号。"同样根据吴庆峰,《古谣谚》中有151个内部押韵的七音节诗行,其中145个属于上面的"四三式"押韵结构。这为我们的理论和分析提供了又一个坚实佐证。因为它表明,汉朝所谓七字诗行

---

① 王运熙(1962:161)举了更多的例子。

实际上是断行诗(broken-line poems)。换言之,《汉书·东方朔传》中所谓的七言诗,也当根据古人的"诗感"理解为:

(24) 臣以为龙,又无角;
　　谓之为蛇,又有足。
　　跂跂脉脉,善缘壁,
　　是非守宫,即蜥蜴。

这里,我们恐怕应该根据第五章提出的"断代语感"来思考文学上的"断代诗感"了。换言之,我们今天已经不可能用基于今天韵律系统的"诗感"来理解远古的二言诗;同理,我们也不应该用隋唐七言诗体的"诗感"来理解东汉以前"4+3"体的诗歌韵律。我们要建立古汉语的断代语感,我们同样要建立古代诗体的断代诗感。无论如何,语感有断代的不同,诗感也有断代的类型。而它们的历史存在不仅支持了我们关于七言诗在其诗歌发展初期并未真正格律化的理论,更重要的是,采用新的理论和方法,我们还可以进而提出为什么"五言中没有第二个字和第五个字押韵"的格式,或为什么不创造"2+3"体的折句诗?原因很简单,不仅理论不可能(二言诗行不复存在),现实也没有。这正是理论的威力和方法的效能。"五言无折句"反证了七言具有不同于五言的两段特征。

　　顺着上面的理论逻辑继续开发,我们可以推知,汉代的七言断行诗不能发展为后来的七言诗律。然而,这和事实相违背:七言诗律在隋唐时代变得越来越流行。预测失败了。但我们必须把原因搞清楚。为什么七字诗行最初要断为"四加三"而后来就能"连而成行"?最初的"四加三"在后期发展中发生了什么变化才使之连成一个独立的"行"?

　　这些问题无疑把我们逼入一个更加详密的韵律研究中来。首先,因为七字语串包含两个以上的韵律单位,因此它才无法构成一

第九章　五言诗与七言诗发展的韵律条件

个理想的最简诗行,因为它违反了诗行的最佳优选条件(15)。如果因为七字语串包含两个以上的韵律单位而无法构成独立诗行的话,那么这就说明"诗行最佳条件"的巨大威力。如果"最佳条件"有如此之大的威力,那么它就不但能阻止最初的七言成句,也一定能阻止后来七言的成句。但事实上是七言后来终于成为了诗句。是理论上的"最佳条件"失灵了呢?还是七言被迫不再"冒犯"最佳条件的规律了呢?有这样的事吗?哪种是可能的呢?

现在让我们给七言设立一些成诗的韵律条件:让七言成为诗行的唯一途径就是迫使这七个音节组成两个,而不是三个"节律单位"。怎样才能达到这一目的呢?换言之,什么样的韵律结构才能使七言语串成为一个诗行呢?我们知道,七字语串(2+2+2+1)中的最后三个音节,到了东汉已然被重新分析成了独立的大音步,恰如五言诗中的三字尾一样。如果是这样,那么七言能否成行的问题就在句首的四个音节——只有让这句首四音串同样被重新分析为一个韵律单位,七言才有可能从三个节律单位(2+2+3)变成两个单位(4+2)。就是说,只有当[2+2+3]语串中的[2+2]也变为一个独立的节律单位的时候,汉语诗行的**最简**和**最佳**两个条件才能在七言的[[2+2]+3]里得到满足。是这样吗?下文我们看到,这一推论得到理论和实践上的双重支持。

首先从理论上看,当代节律音系学和韵律构词学的研究表明,[2+2]双音步单位可以分析为一个**韵律复合词**(Compound Prosodic Word,参 McCarthy and Prince,1993;冯胜利 2000)。什么是韵律复合词,可以参看《汉语的韵律、词法与句法》的第三章第二节,这里不缀论。如果是韵律复合词,那么[2+2]音串在理论上就可以构成一个独立的韵律单位。众所周知,汉语四字格具有独立的重音格式:1324(数字大小代表轻重的等级。参俞敏,1989;

105),因此[2+2]节律模式在现代汉语中是一个独立的韵律单位,即通常所谓的"四字格"。这一点毫无疑义。

当然,理论的可能并不等于现实的存在。如果说四字模块在现代汉语中是一个独立的韵律单位,我们面临的问题是它形成和出现的历史年代。我们必须找到历史证据,说明四字串在古代也(像在现代汉语那样)被用作一个单位,才能解决这里的问题。尽管我们不可能获得几千年前四字模块的声学数据(或韵律语感),但是现代韵律句法学的理论可以告诉我们一些基本的韵律结构。例如,历史句法学近期研究揭示:四音节动词是在东汉以后才开始出现的(参 Shimura,1995:230):

(25)(a)护持助宣佛之正法。(《妙法莲华经·五百弟子受记品》)

(b)要当推求选择名女。(《贤愚经·卷五》)

(c)比居一母,闻叹佛尊,驰出求索。(《中本起经·卷下》)

(d)不能推求修习其法。(《大方便佛报恩经·卷二》)

(e)尔时,大王遣使四方推求寻觅。(《佛本集经·卷二》)

(f)汝今乃能推求寻觅婆须蜜女。(《大方广佛华严经·卷六十八》)

(g)善财于彼城内推求寻觅长者所居。(《大方广佛华严经·卷十一》)

(h)汝今乃能推求寻觅伐苏蜜多女。(《大方广佛华严经·卷十五》)

(i)时诸声闻于此三千大千世界观察推求。(《佛说如来智印经》)

(j)以智慧力观察推求。如来色身及与住处。(《佛说大乘智印经·卷一》)

(k)以智慧力周遍推求如来身色及与住处。(《佛说大乘

智印经·卷一》)

(l) 乃至微尘分析推求,悉不可得。(《楞伽阿跋多罗宝经·卷一》)

(m) 取一微尘破坏分析。(《大方等大集经贤护分·卷二》)

这些都是产生于南北朝的早期现象,是四音节单位开始用于动词的例证。显然,这里的四音节动词是被当作一个独立的韵律单位来使用的,因为"护持宣助"若被用作两个韵律单位分析的话,句子的核心重音是难以实现的。(参《汉语的韵律、词法与句法》第二章有关核心重音的论述,兹不缀)。

虽然我们没有古人的语感,但是我们可以考见古人提供的语感。刘勰在《文心雕龙》里谈到四言时说,"四字密而不促"。这可以看作刘勰对四音节单位的韵律特征的精确描写。其中一个"密"字说破了汉语四字格出现的典型特征:四个音节"紧密相连"。刘勰的描写说明了四字单位在他的语感里已然构成一个独立的韵律模块。"密"是一个单位的体现,"不促"是融而为一的语感所在。这是汉语史上首次将四字语串描写为一个具有"密而不促"韵律特性的独立单位,与现代汉语成语四字格的轻重模式合若符契:

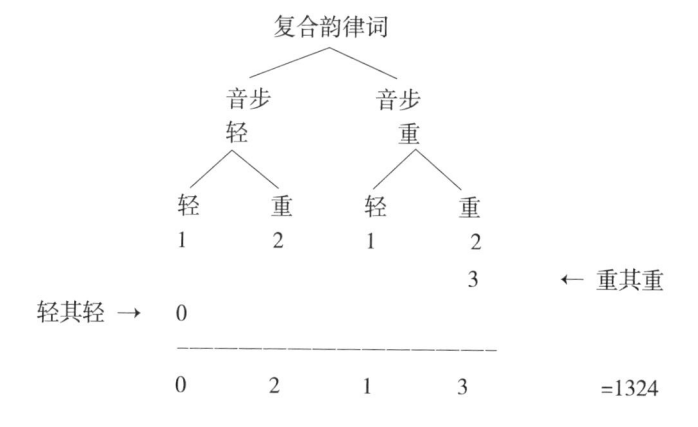

```
                    复合韵律词
                   /          \
              音步              音步
               轻                重
              /  \              /  \
             轻   重            轻   重
             1    2            1    2
                                    3      ← 重其重
   轻其轻 →  0
           ─────────────────────────────
           0     2            1    3       =1324
```

另一重要的"七言成诗"的证据来源于"四字成格"的历史事实。我们知道,四言成语的发展与成熟,根据张铁文(1999)的统计,在隋唐之际。《汉语成语考释词典》中的6593条四字成语里,有68.07%的成语都是汉朝以后发展出来的,唐宋和明清时代的就占有59.33%,大部分出现在诗词之中。譬如成语"青天白日"就源于韩愈的"青天白日映楼台"。尽管成语的发展历史还有待深入研究,但是仅据目前的统计数字可知:复合韵律词(四字格)的单位化和模式化(prosodicized 韵律化)可能正是在魏晋前后发生的。而当这种[2+2]模块被用作一个韵律单位的时候,就形成了下面的诗歌结构:

(26)

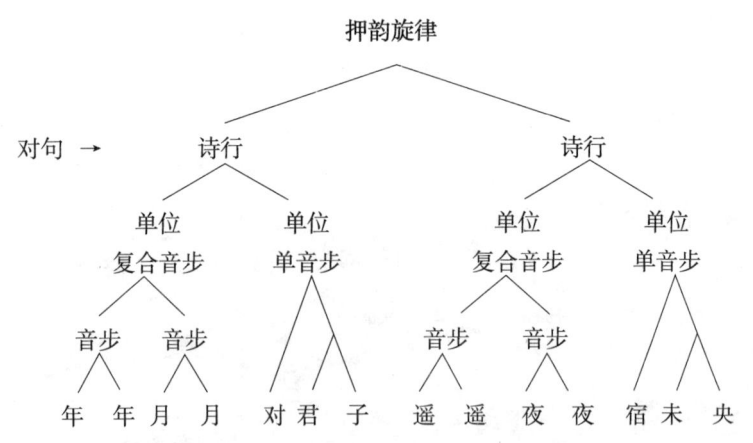

```
                           押韵旋律
                    ┌─────────┴─────────┐
           对句 →  诗行                  诗行
                ┌───┴───┐           ┌───┴───┐
               单位     单位         单位     单位
              复合音步  单音步       复合音步  单音步
              ┌─┴─┐                ┌─┴─┐
             音步 音步              音步 音步
              │   │    │   │       │   │   │   │
              年年 月月 对君 子     遥遥 夜夜 宿未 央
```

诗歌的押韵旋律基于行与行之间的最小重复,而每个诗行又是由两个(不同级层的)韵律单位的重复组合而成。这里的两个单位一个是复合音步,另一个单位是大音步,这就在上一层的韵律单位(复合韵律词+大音步)上满足了最简性和最佳性的两个必要条件。因此七言才可以成行。这,不仅是(15)的预测结果,更重要的是我们有古人的语感。遍照金刚(1974:17)在《文镜秘府论·天卷》说：

> 上四字为一句，下三字为一句：七言。

古人没有把七言说成"上四字为两句，下三字为一句"，为什么？因为那不是古代诗歌语感的事实。显然，我们的理论和遍照金刚的诗感不是简单的偶合，而是七言所以成诗的秘诀所在。

总之，上述种种现象都支持这样一个理论假设：只有当[2+2]结构变为一个独立的韵律单位之后（亦即遍照金刚的"句"），七言的诗韵才能押在每个诗行的末字上，如鲍照《拟行路难》。如果是这样，我们自然还可以推出另一个结论：七言诗的发展必然晚于五言诗，因为当三音节形式发展为三言大音步时，四字语串还未发展为独立单位。如果这些四字语串仍为两个独立韵律单位的话，那么七字语串就不能成为最佳诗行：理论的分析和文学的发展，不谋而合。

双音节音步形成于春秋时期（公元前770年—公元前476年），只有当双音节韵律词发展成熟之后，三音节音步结构才得以形成。而四字串发展为韵律复合词（四字格）经历了更长的时间。纵观上古汉语到中古汉语韵律系统的发展，不难发现，五言诗的发展必在大音步成熟之后，而七言诗的发展则依赖于"四字格"的成熟。前者可以从东汉（公元25—220年）三音节复合词的形成中看出，后者则见于南北朝（公元420年—589年）四字动词的历史证据。语言史和文学史，齐头并进，不谋而合；理论分析和历史材料，彼此印证，若合符契。[1] 这就是本书导论提出的宗旨：文学作品可以且应该从语言的角度发现其所以如此的内在机制。

---

[1] 本书讨论的是如何构建韵律诗体学的系统，无论具体现象的分析还是个别结论的提出，都是初次尝试，故或有疏漏之点，或需详密之处；对其中的分析和结论提出补充、修订和异议，作者不胜感激；若动摇这里基本理论，如不从公理、定理、归纳演绎的整体框架做起，则不足与并，亦难以为进也。

总而言之,诗体的建立根植于该语言的韵律结构,而本书提出的韵律原则和诗律效应,为正在兴起的"韵律诗体(及文体)学"提供了一个新的路径,使语言学的文学研究有可能开辟一些新的领域。

本章思考题:
1. 用具体例子说明大音步的建立对五言诗发展的作用
2. 用本章的理论分析古人文论中"壮,三字句也"的艺术效应。
3. 为什么七言诗的发展晚于五言?
4. 如何从韵律机制上分析"四言密而不促"的语感所指。
5. 用断代诗感的理论分析黄生论二言《弹歌》"声啴缓"(参《第六章》)的问题所在。
6. 尝试用本书的理论解释八个音节不成诗行的原因

参考文献

中文部分

包拟古 1980 《原始汉语与汉藏语》,中华书局,1995,潘悟云、冯蒸译。
蔡宗齐 2014 小令节奏研究,载《"声音与意义——古典诗歌新探"国际研讨会·论文集》,岭南大学,2014 年 3 月 7 日。
曹道衡、刘跃进 2005 《先秦两汉文学史料学》,中华书局。
曹 炜 2003 现代汉语口语词和书面语词的差异初探,《语言教学与研究》第 3 期。
陈 柱 2008 《中国散文史》[M].江苏文艺出版社。
岑麒祥 1943 入声非声说,《图书月刊》第二卷第七期,重庆。
陈 致 2012 "日居月诸"与"日就月将":早期四言诗与祭祀礼辞实例。2012 年北京论坛《文明的构建:语言的沟通与电机的传播》论文摘要集,37 - 63 页。
—— 2010 从《周颂》与金文重成语的运用来看古诗歌之用韵及四言诗体的形成,刊于陈致主编《跨学科视野下的诗经研究》,上海古籍出版社,2010:17 - 59。
陈平原 2013 徘徊在口语与书面语之间——当代中国的工作报告、专题演讲以及典礼致辞,《汉语书面语的历史与现状》,北京大学出版社,2013。
程湘清 1992 先秦双音词研究,程湘清主编《先秦汉语研究》,山东教育出版社。
褚斌杰 1990 《中国古代文体概论》,北京大学出版社。
崔四行 2012 《三音节状中结构中韵律与句法互动的研究》,中国社会科学出版社。
崔希亮 2013 现代汉语书面语的三个境界,《汉语书面语的历史与现状》,北京大学出版社。
崔宇锡 2006 《魏晋四言诗研究》,巴蜀书社。

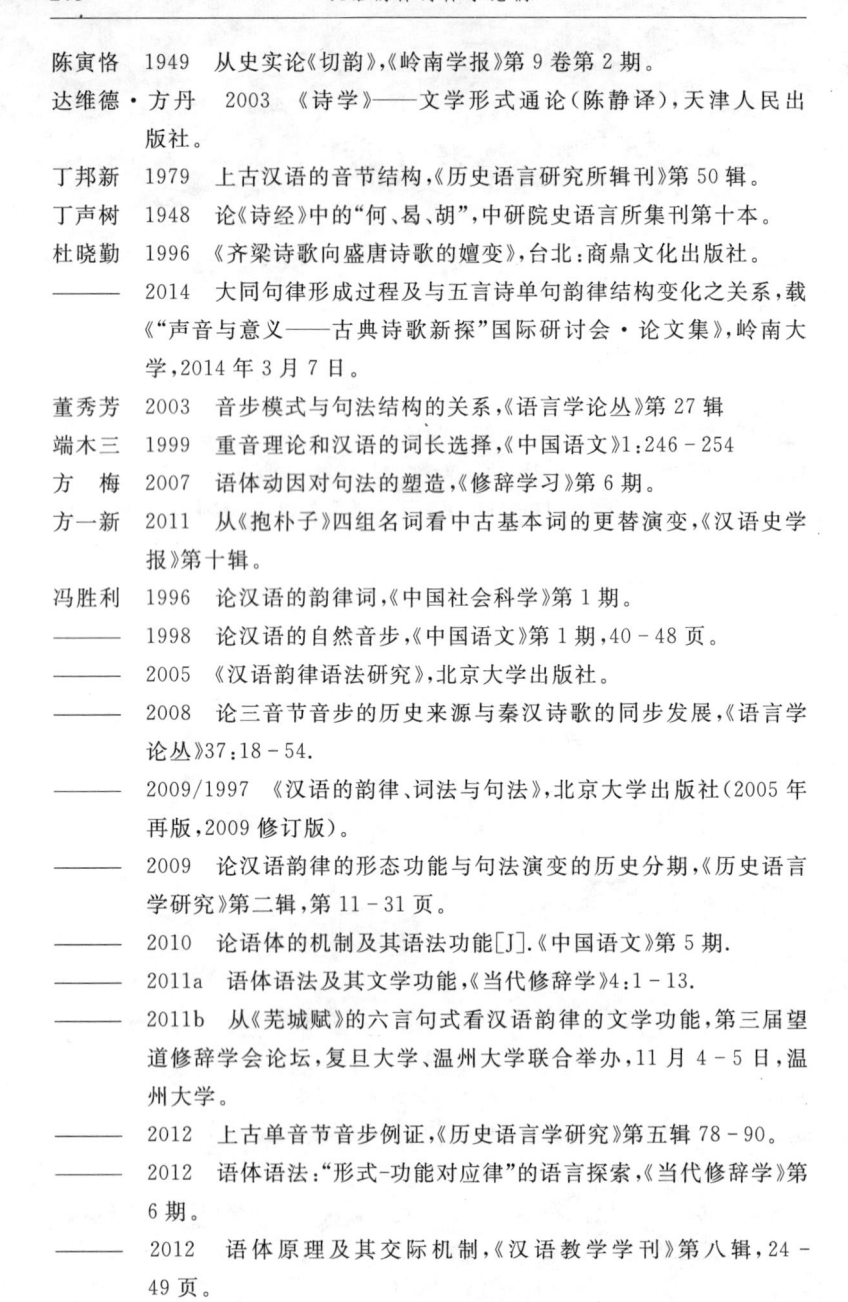

陈寅恪　1949　从史实论《切韵》,《岭南学报》第 9 卷第 2 期。
达维德·方丹　2003　《诗学》——文学形式通论(陈静译),天津人民出版社。
丁邦新　1979　上古汉语的音节结构,《历史语言研究所辑刊》第 50 辑。
丁声树　1948　论《诗经》中的"何、曷、胡",中研院史语言所集刊第十本。
杜晓勤　1996　《齐梁诗歌向盛唐诗歌的嬗变》,台北:商鼎文化出版社。
———　2014　大同句律形成过程及与五言诗单句韵律结构变化之关系,载《"声音与意义——古典诗歌新探"国际研讨会·论文集》,岭南大学,2014 年 3 月 7 日。
董秀芳　2003　音步模式与句法结构的关系,《语言学论丛》第 27 辑
端木三　1999　重音理论和汉语的词长选择,《中国语文》1:246-254
方　梅　2007　语体动因对句法的塑造,《修辞学习》第 6 期。
方一新　2011　从《抱朴子》四组名词看中古基本词的更替演变,《汉语史学报》第十辑。
冯胜利　1996　论汉语的韵律词,《中国社会科学》第 1 期。
———　1998　论汉语的自然音步,《中国语文》第 1 期,40-48 页。
———　2005　《汉语韵律语法研究》,北京大学出版社。
———　2008　论三音节音步的历史来源与秦汉诗歌的同步发展,《语言学论丛》37:18-54.
———　2009/1997　《汉语的韵律、词法与句法》,北京大学出版社(2005 年再版,2009 修订版)。
———　2009　论汉语韵律的形态功能与句法演变的历史分期,《历史语言学研究》第二辑,第 11-31 页。
———　2010　论语体的机制及其语法功能[J].《中国语文》第 5 期.
———　2011a　语体语法及其文学功能,《当代修辞学》4:1-13.
———　2011b　从《芜城赋》的六言句式看汉语韵律的文学功能,第三届望道修辞学会论坛,复旦大学、温州大学联合举办,11 月 4-5 日,温州大学。
———　2012　上古单音节音步例证,《历史语言学研究》第五辑 78-90。
———　2012　语体语法:"形式-功能对应律"的语言探索,《当代修辞学》第 6 期。
———　2012　语体原理及其交际机制,《汉语教学学刊》第八辑,24-49 页。

|——— 2012 《汉语韵律句法学》,商务印书馆,修订版(原版 2000 上海教育出版社)。

|——— 2013 百年来正式语体的灭亡与新生,《汉语书面语的历史与现状》,北京大学出版社。

|——— 2013 《汉语书面语的历史与现状》(主编),北京大学出版社。

傅斯年 1919 《怎样做白话文?》,《新潮》第一卷第二号。

傅璇宗 1999 《中国诗学大辞典》,浙江教育出版社。

高友工 2008 中国语言文字对诗歌的影响,《美典:中国文学研究论集》,北京:三联出版社。

高友工、梅祖麟 1989 《唐诗的魅力》,上海古籍出版社。

葛晓音 2014 从五古的叙述节奏看杜甫在诗中有文的创变,载于"声音与意义——古典诗歌新探"国际研讨会·论文集》,岭南大学,2014 年 3 月 7 日。

郭沫若 1925 论节奏,《文艺论集》,上海:光华书局。

郭绍虞 1938 中国语词之弹性作用,《燕京学报》第 24 期。

郭绍虞 1982 再论文言白话问题,《复旦学报》(社科版)第 4 期。

郭预衡(主编) 2003 《中国古代文学史简编》,上海古籍出版社。

韩高年 2004 《诗赋文体源流新探》,巴蜀书社。

何元建 2004 回环理论与汉语构词法,《当代语言学》3:223 - 235

何元建、王玲玲 2005 汉语真假复合词,《语言教学与研究》.5:11 - 21

何志华 2011 王充《论衡》自铸新词考:兼论东汉书面语多音节词汇之衍生问题,《汉语书面语的历史与现状》,北京大学出版社,2013。

贺 阳 2007 《现代汉语欧化语法现象研究》,中国人民大学博士学位论文。

胡敕瑞 2005 从隐含到呈现(上)—试论中古词汇的一个本质变化,《语言学论丛》第 31 辑。

胡敕瑞 2013 汉魏时期的文言与白话——兼论汉语史口语语料的鉴定,《汉语书面语的历史与现状》,北京大学出版社,2013。

胡明扬 1957 书面语和口语之间的关系,《教学与研究》第 2 期。

|——— 1993 语体和语法,《汉语学习》第 2 期:3 - 6。

胡 适 1921 吾我篇,《胡适文存》卷 2,又见姜义华编《胡适学术文集－语言文字研究》,中华书局,1993 年。

|——— 1921 尔汝篇,《胡适文存》卷 2,又见姜义华编《胡适学术文集－语

言文字研究》,中华书局,1993年。
黄　侃　2001　《黄侃日记》[Z],江苏教育出版社.
──── 1934　《文心雕龙札记》,北京文化学社印行。
黄　梅　2008　《汉语嵌偶词的句法分析及其理论意义》,北京语言大学博士生论文。
江蓝生　2000　《古代白话说略》,语文出版社。
姜书阁　2010　《诗学广论》,浙江大学出版社。
蒋绍愚　2005　《近代汉语研究概要》,北京大学出版社。
──── 2008　《唐诗语言研究》,语文出版社。
──── 1997　训诂学与语法学,《古汉语研究》第3期,20-24页
金立鑫　2012　语体学在语言系统中的地位机器研究方法,复旦大学举办"交叉视野中的语体研究学术讨论会"论文,2012年7月26日。
金守拙　1956　再论吾我,《中央研究院历史语言研究所集刊》28:273-281。
李立信　2001　《七言诗之起源与发展》,新文丰出版公司。
李方桂　1971　《上古音研究》,商务印书馆,1998年版。
李如龙　2003　文言、白话、普通话、方言,《语言文字应用》第4期。
李绍林　1994　论书面语和口语,《齐齐哈尔师院学报》(社科版)第4期。
黎锦熙　1934/2011　《国语运动史纲》,商务印书馆。
梁晓虹　2004　诗论近代汉语中的三音节子尾词,载于 Meaning and Form: Essays in Pre-Modern Chinese Grammar. (ed.) Ken-ichi Takashima & Jiang Shaoyu. Lincom Studies in Asian Linguistics 55. Lincom GmbH.
林　庚　1984　《问路集》,北京大学出版社。
铃木庆夏　2010　文白相间的叙事体与文雅语体形式的篇章功能,《语言科学》3:244-254。
刘承慧　2012　汉语口语特征与先秦句式分析,《基于本体特色的汉语研究》,施建国、耿振声、杨亦鸣主编,中国社会科学出版社,204-220。
刘大为　2010　修辞学视野中的语体理论的重构,香港中文大学中文系举办"汉语语体研讨会"论文。
刘丹青　1994　汉语形态的节律制约,《语法研究与语法应用》,北京语言学院出版社。
刘坤尊　2011　《英诗的音韵格律》,广西师范大学出版社。
刘师培　2000　《中国中古文学史讲义》,上海古籍出版社。
卢冠忠　2013　论六言诗与骈文六言句韵律及句法之异同,《社会科学论坛》

2014年第四期。

陆丙甫 1989 结构、节奏、松紧、轻重在汉语中的相互作用,《汉语学习》第3期。

逯钦立 1983 《先秦汉魏晋南北朝诗》,中华书局。

吕叔湘 1963 现代汉语单双音节问题初探,《中国语文》第1期。

——— 1962 现代汉语单双音节问题初探,《中国语文》第1期 10-22 页。

——— 1944 文言和白话,《国文杂志》(桂林)3卷1期 3-12 页。收入《吕叔湘语文论集》,商务印书馆 1983。

梅思德(Barbara Meisterernst) 2011 汉朝汉语文言中的口语成分:《史记》与《汉书》对应卷的语言学比较研究,《汉语书面语的历史与现状》,北京大学出版社,2013。

梅维恒(Victor H. Mair) 2009[1994] 佛教与东亚白话文的兴起:国语的产生,王继红、顾满林译,《佛教汉语研究》(朱庆之主编),商务印书馆。

梅祖麟 1980 四声别义中的时间层次,《中国语文》第六期。

门 岿 2000 《雅俗文学语气互化论》,天津社会科学出版社。

孟子敏 2007: 从"了1"、"了2"的分布看口语和书面语的分野,载于《汉语书面语の通时的・共时的研究》,松山大学综合研究所:113-142。

潘文国、叶步青、韩洋 2004 《汉语的构词法研究》,华东师范大学出版社。

潘悟云 2000 《汉语历史音韵学》,上海教育出版社。

——— 2000 《汉语历史音韵学》,上海教育出版社。

启 功 1991 《汉语现象论丛》,商务印馆(香港)。

——— 2009 《启功全集·第一卷》,北京师范大学出版集团。

钱锺书 1979 《管锥篇》,中华书局。

瞿兑之 1994 《骈文概论》,海南出版社。

任学良 1982 先秦文言并不一致论——古书中口语和文言同时并存,《杭州师范学院学报(社会科学版)》。

——— 1982 先秦言文并不一致论——古书中口语和文言同时并存,杭州师范学院学报(社会科学版)

沙加尔 2004 《上古汉语词根》(龚群虎译),上海教育出版社。

石定栩、刘艺、陈传书 2012 香港书面汉语和标准书面汉语中的同形异义词,《汉语书面语的历史与现状》,北京大学出版社,2013。

施议对 2008 《词与音乐关系研究》,中华书局。

松浦友久　　2009　《节奏的美学》，石观海等译，辽宁大学出版社。
孙德金　　　2012　《现代书面汉语中的文言语法成分研究》，商务印书馆。
孙诒让　　　2010　《籀庼述林》，中华书局。
太田辰夫　　1958　《中国语历史问法》修订本，蒋绍愚、许昌华翻译，北京大学出版社，2003。
———　　　1991　《关于汉儿言语——试论白话发展史》，载《汉语史通考》，江蓝生、白维国译，重庆出版社。
唐松波　　　1961　谈现代汉语的语体，《中国语文》第5期。
陶红印　　　1999　试论语体分类的语法学意义，《当代语言学》第3期。
汪维辉　　　2000　唐宋类书好改前代口语，《汉学研究》18卷第二期。
———　　　2003　现代汉语语体词汇刍论，手稿，浙江大学汉语史研究中心。
王国维　　　1959　《观堂集林》，中华书局。
王洪君　　　2000　汉语的韵律词与韵律短语，《中国语文》第6期。
———　　　2001　音节单双、音域展敛（重音）与语法结构类型和成分次序，《当代语言学》4：241－252＋316
———　　　2008　《汉语非线性音系学——汉语的音系格局与单字音》，北京大学出版社。
王　力　　　1958　《汉语诗律学》，新知识出版社（上海教育出版社，1979）
———　　　1985　《汉语史稿》，中国社会科学出版社。
王丽娟　　　2010　《从名词、动词看现代汉语普通话双音节的形态功能》，北京语言大学博士论文。
王　宁　　　1998　吟与唱，《文史知识》第10期。
王士禛　　　1963　《律诗定体》，上海：中华书局。
王　颖　　　2003　书面语和口语的语体差别与对外汉语教学，*Journal of Chinese Language Teachers Association*，38：3，91－103.
［清］王引之　《经传释词》
王运熙　　　1962　《乐府诗论丛》，中华书局。
王永娜　　　2010　《现代汉语书面正式语体句式及庄重等级》［D］，北京语言大学博士学位论文。
———　　　2012　书面语体"和"字动词性并列结构的构成机制，《世界汉语教学》第2期。
王志洁、冯胜利　2006　声调对比法与北京话双音组的重音类型，《语言科学》1：3－22

魏建功	1934	中国纯文学的姿态与中国语言文字,《文学》第2卷第6号:983-992。
魏培泉	2002	上古汉语到中古汉语语法的重要发展,载何大安主编《古今通塞:汉语的历史与发展》。
吴　宓	2007	《吴宓诗话》,商务印书馆。
吴庆峰	2002	《音韵训诂研究》,齐鲁书社。
夏晓虹	2010	经典阐释的文体、性别与时代,《中国文学学报》,香港:香港中文大学出版社。
徐　青	1980	《古典诗律史》,西宁:青海人民出版社。
许理和(Zürcher Erik)	2009[1977]	最早的佛经译文中的东汉口语成分,蒋绍愚、吴娟译;《佛教汉语研究》(朱庆之主编),商务印书馆。
薛凤生	1998	试论汉语句式特色与语法分析,《古汉语研究》4:67-74。
姚永朴	2009	《文学研究法》[M],凤凰出版传媒集团(原江苏古籍出版社)。
叶　军	2001	《汉语语句韵律的语法功能》,华东师范大学出版社。
俞　敏	1948	古汉语里面的连音变读(sandhi)现象,《燕京学报》第35期。
——	1989	《俞敏语言学论文集》,黑龙江人民出版社。
——	1999	《俞敏语言学论文集》,商务印书馆。
——	1992	高鹗的语言比曹雪芹更像北京话,《中国语文》第4期。
余冠英	1942	七言诗起源新论,《汉魏六朝诗论丛》,上海古典文学出版社。
袁晖、李熹宗	2005	《汉语语体概论》,商务印书馆。
袁行霈	2010	中国诗学的特点与民族诗学的建立,《中国文学学报》,香港中文大学出版社。
詹　锳	1989	《文心雕龙义证》,上海古籍出版社。
张伯江	2007	语体差异和语法规律,《修辞学习》第2期,1—9页。
——	2012	以语法解释为目的的语体研究,《当代修辞学》第6期。
张传曾	1992	从秦汉竹帛中的通假字看入变为去当在两汉之交,载程湘清主编《两汉汉语研究》,山东教育出版社。
张国宪	1989	动+名"结构中单双音节运作动词功能差异初探,《中国语文》3:186-190。
张世禄	1939	文言白话的区别,《社会科学月刊》1卷3起63-86。
章太炎(绛)	1906	文学论略,《国粹学报》第9、10、11期。
张玉金	2001	《甲骨文语法学》,学林出版社。
张中行	2002	《文言津逮》,北京出版社。

	1987	《文言与白话》,黑龙江人民出版社。
张正生	2013	汉语书面语中的"书"与"文"两个面向,《汉语书面语的历史与现状》,北京大学出版社。
赵敏莉	2002	《周汉诗歌综论》,学苑出版社。
赵璞嵩	2013	《从"吾"、"我"的互补分布看上古汉语韵素的对立》,香港中文大学中文系博士论文。
赵　翼	2003	《陔余丛考·卷二十三》,河北人民出版社。
郑张尚芳	2003	《上古音系》,上海教育出版社。
志村良治	1995	《中国中世纪语法史研究》(江蓝生、白维国译),中华书局。
钟　嵘	1996	《诗品集注》,上海古籍出版社。
周法高	1952[1963]	评高本汉"原始中国语为变化语说",《中国语文论丛》,正中书局,台北,1963年。
周苇风	2009	"比其音律"与《诗经》四言诗体式的生成,《中国韵文学刊》第1期。
朱德熙	1987	现代汉语语法研究的对象是什么?《中国语文》第5期:321-329。
朱光潜	1979	《诗论》,安徽教育出版社。
朱谦之	1989	《中国音乐文学史》,北京大学出版社。
朱自清	1998	诗的语言,载于《朱自清说诗》,上海古籍出版社。

英文部分

Behr, Wolfgan. 2004. "Language change in premodern China-notes on its perception and impact on the idea of a 'constant way'", in: Achim Mittag & Helwig Schmidt-Glintzer(eds.), *Ideology and Historical Criticism* (Special Issue of Historiography East and West), Leiden: E. J. Brill, 2004, pp. 13-51.

Birch, Cyril. 1974. (eds) *Studies in Chinese Literary Genres*. Berkeley-Los Angeles-London: University of California Press.

Biber Douglas 1989a. Drift and the evolution of English style: a history of three genres. *Language* 65:487-517.

———1989b. Styles of stance in English:lexical and grammatical marking of evidentiality and affect. *Text* 9:93-124.

———2009. Register, Genre, and Style. Cambridge University Press.

Bodman, Richard. 1978 *Poetics and Prosody in Early Medieval China*. Ph. D. Dissertation, Cornell, NY.

Chao, Y.-R. 1968. *A Grammar of Spoken Chinese*[M]. Chicago University Press.

Chen, Y. Matthew. 1990. What must phonology know about syntax? In: *Phonology syntax Connection*, (eds) by Sharon Inkelas and Draga Zec; p 19 – 46.

Chen Shih-hsiang(陈世骧)1974. The Shih-Ching: Its Generic Significance in Chinese Literary History and Poetics. In: *Studies in Chinese Literary Genres*(中国文学问题研究), eds. by Cyril Birch(白之), Berkeley-Los Angeles-London: University of California Press. 1974.

Cinque, Guglielmo. 1993. A Null Theory of Phrase and Compound Stress. *Linguistic Inquiry*. 24:239 – 297.

Downing, Laura J.. 2006. *Canonical Forms in Prosodic Morphology*. Oxford: Oxford University Press.

Duanmu, San 2000. *The Phonology of Standard Chinese*. Oxford: Oxford University Press.

Fabb, Nigel. 1997. *Linguistics and Literature: Language in the Verbal Arts of the World*. Oxford: Blackwell.

Fabb, Nigel. 2002. *Language and Literary Structure: the Linguistic Analysis of Form in Versa and Narrative*. New York: Cambridge University Press.

Febb, Nigel and Morris Hall. 2008. *Meter in Poetry: A New Theory*. Cambridge and New York: Cambridge University Press.

Feng Shengli 1995. *Prosodic Structure and Prosodically Constrained Syntax in Chinese*. Ph. D. Dissertation. University of Pennsylvania.

Feng Shengli. 1997. "Prosodic Structure and Compound Word in Classical Chinese." In: Jerry Pack ard (ed.) *New Approaches to Chinese Word Formation: Morphology, Phonology and the Lexicon in Modern and Ancient Chinese*. Berlin: Mouton de Gruyter. 197 – 260(收入 冯 2005).

Feng Shengli. 2006. "Prosody and Poetic Evolution in Ancient Chinese." Paper presented at AAS Annual Meeting. San Francisco, April 6 – 9, 2006.

Feng Shengli. 2009. "On Modern Written Chinese." *Journal of Chinese Linguistics*. 37:145 – 161.

Feng Shengli 2011. A Prosodic Explanation for Chinese Poetic Evolution. *Tsing Hua Journal of Chinese Studies*, 2:223 – 257.

Feng Shengli. 2003. Prosodically Constrained Postverbal PPs in Mandarin Chinese. *Linguistics* 6:1085-1122.

Hanson, Kristin and Paul Kiparsky. 1996. A Parametric Theory of Poetic Meter. *Language* 72.2:287-335.

Halliday, M. A. K. *The Language of Science*. Edited by Jonathan J. Webster. Peking University Press.

He, Yuanjian. 2006. Lexicon as a Generating System: Restating the Case of Complex Word Formation in Chinese. *Journal of Chinese Language and Computing*. 2:99-119.

Halle, Morris and Samuel Jay Keyster 1966. Chaucer and the Study of Prosody. *College English* 28.3:187-219.

Halle, Morris and Samuel Jay Kayser. 1971. English Stress: Its Form, Its Growth, and Its Role in Verse. New York: Harper & Row Publisher.

Halle Morris and Samuel Jay Kayser. 1999. On meter in general and on Robert Frost's loose iambics in particular. In: 村木正武, 岩本遠億 (eds.) *Linguistics: In Search of the Human Mind: A Festschrift for Kazuko Inoue*. 開拓社出版.

Hanson, Kristin and Paul Kiparsky. 1996. A Parametric Theory of Poetic Meter. *Language* 72:287-335.

Hollander, John. 2001. *Rhyme's Reason*. Yale University Press.

Hogg Richard and C. B. McCully 1987. *Metrical Phonology—A Course Book*. Cambridge University Press.

Huang, C-T. James. 2005. Syntactic Analyticity: The Other End of the Parameters. 2005 LSA Summer Institute Lecture Notes. MIT & Harvard.

Hayes Bruce. 1995. *Metrical Stress Theory: Principles and Case Studies*. The University of Chicago Press.

Jakobson Roman. *Language in Literature*. 1987. Belknap Harvard.

Karlgren, Bernhard. 1974. *The Book of Odes*. BMFEA, Stockholm.

Kiparsky, Paul. 1977. The rhythmic structure of English verse. *Linguistic Inquiry* 8.:189-247.

Kiparsky, Paul and Gilbert Youmans. (eds.) 1989. *Rhythm and Meter*. San Diego: Academic Press.

Knechtges, David. 1987. *Selections of Refined Literature* vol. 3. Princeton

University Press.

Knechtges, David. 1996. *Wen Xuan*, vol. 2. Princeton University Press.

Knechtges, David. 2002. "Narration, description, and rhetoric in Yang Shyong's Yeu-Lieh Fhh: An essay in the form and function in the Hann fuh."In: Court Culture and Literature in Early China, Ashgate/Variorum, Burlington, VT: 359–377.

Levis Mark Edward(陆威仪)*Writing and Authority in Early China*. Albany: State University of New York Press. 1999.

Lanham Richard A. 1983. *Analyzing Prose* [M]. Peking University Press.

Laurence Perrine. 1963. *Sound and Sense*, Harcourt, Brace and World, INC.

Liberman, Mark 1975. *The Intonational System of English*. Cambridge. Mass. MIT Ph. D. Dissertation. Distributed by Indiana University Linguistics Club.

Liberman Mark and Alan, Prince. 1997. On Stress and Linguistic Rhythm. *Linguistic Inquiry* 8:249–336.

Link, Perry. 2013. Do rhythms have meaning? The Chapter Two of *An Anatomy of Chinese*: *Rhythm*, *Metaphor*, *Politics*. Harvard University Press.

Mair Victor H and Tsu-Lin Mei 1991. The Sanskrit Origins of Recent style Prosody. *Harvard Journal of Asiantic Studies* 51. 2:375–470.

McCarthy, John and Alan, Prince 1993. *Prosodic Morphology I*-Constraint Interaction and Satisfaction. Ms. University of Massachusetts and Rutgers University.

Pulleyblank 1962—3. The Consonantal System of Old Chinese. *Asia Major* 9.(《上古汉语的辅音系统》,中华书局 2000,潘悟云、徐文堪译).

Owen, Stephen. 2003. *The Making of Early Chinese Classical Poetry*. Harvard University Press.

Peyraube, Alain. 1996. Recent Issues in Chinese Historical Syntax. In: C.-T. James Huang & Y.-H. Audrey Li (ed.)*New Horizons in Chinese Linguistics*. PP 161—213. Dordrecht: Kluwer Academic Publishers.

Sapir, Edward. 1921. *Language*: *An Introduction to the Study of Speech*. New York: Harcourt, Brace and World Inc.

Shimura, Ryoji. 1995 [1974]. *Zhongguo Zhongshi Yufashi Yanjiu* [Studies on the History of Medieval Chinese Grammar]. Translated into Chinese by Jiang, Lansheng & Bai, Weiguo, Beijing: Zhonghua Book Company,1995.

Song Chenqing 2014 Tonal Contrast in Early Pentasyllabic Poems: A Quantitative Study of Three Poem Collections. 载《"声音与意义——古典诗歌新探"国际研讨会·论文集》,岭南大学,2014 年 3 月 7 日.

Takashima, Ken-Ichi(高岛谦一). 1999. The So-called "Third"-Possessive Pronoun jue 氒(=厥)in Classical Chinese. *Journal of the American Oriental Society* 119.3:404-431.

Wang,C. H.(王靖献), *The Bell and the Drum:Shih-Ching as Formulaic Poetry in an Oral Tradition*《钟与鼓:诗经的套语及其创作方式》,Berkeley-Los Angeles-London:University of California Press. 1974.

Wong Sui-kit. 2003. Rhyme-prose on the E-pang Palace by Du Mu(803-852). In: Rachel May and John Minford(ed.)*A Birthday Book for Brother Stone*. Chinese University Press,Hong Kong:337-341.

Xu, Dan, 2006. *Typological Change in Chinese Syntax*. Oxford University Press.

Yang Suh-jen. 2006. The Prosodic and its Poetic Effect in the Han Trisyllabic Lines. Paper presented at AAS Annual Meeting.

Yip,Moira. 1992. Prosodic morphology in four Chinese dialects. *Journal of East Asian Linguistics* 1:1-35.

Yip,Wai-lim. 1997. *Chinese Poetry — An Anthology of Major Modes and Genres*. Duke University Press.

Youmans, Gilbert. 1989. "Introduction: Rhythm and Meter."In Rhythm and Meter, eds. Paul Kiparsky and Gilbert Youmans, 1-14. Orlando: Academic Press.

Zhang, Haiying. 2007. *Poetry from the Land of Silk*. Chemsford: Little Bird Pub.

Zhirmunsky, V. 1966. Introduction to Metrics: The Theory of Verse: Slavistic Printings and Reprintings. The Hague: Mouton.

后　　记

　　从语言学的角度来研究文学的方法引起了人们的关注。2013年12月18日第538期《中国社会科学报》的报道说："近年来,一种前沿性交叉研究悄然兴起,文学研究者尝试利用西方语言学理论工具对汉语诗歌进行'解密'。"然而"语言学与文学的'联姻'能否解答文学史上的难题？是否将会由此催生新的学科？"却没有明确的答案。事实上,这里还有一个更广阔的"语言/文学"背景上的历史疑案。早在1908年欧文·白碧德(Irving Babbitt)就曾指出"那些语言学专业的学者在我们院系里的地位已经相当牢靠,他们都极其乐意把文学看做是语言学分析这种更严肃、更费力的工作之余偶一为之的休闲。一个人万万不可以对文学太有兴趣,否则他就会受到惩罚,被大家看做是一个业余爱好者。"① 何以如此？仍需解人。当然,今天不会有人再把从语言研究文学的学者"惩罚"为业余爱好者,但是从上面的引文中看,语言和文学的"分家",由来久矣。

　　也许正因如此,从语言学尤其是从韵律学的角度来研究文学引起了人们的注意,但同时也带来了许多歧解和误解。我们知道,沈约早就指出"欲使宫羽相变,低昂互节,若前有浮声,则后须切响"(《宋书·谢灵运传论》)。有的学者据此认为"中国古代的声律

---

① 转引自张沛、张源译《文学与美国的大学》,2004年,北京大学出版社,第73页。(原著 Literature and the American College-Essays in Defense of the Humanities. 1908)

学和音韵学研究已经有一个传统,为什么还要用西方的'相对轻重律'来取代或者补充我们前人已有的说法呢?"其实,只要我们深入思考一下"什么是韵律""什么是韵律的机制和原理",这个问题就不难回答。无疑,沈约"若前有浮声,则后须切响"乃千古绝论,然而如果我们接着问:

(1)为什么"前有浮声"就一定"后有切响"?

(2)"浮声"和"切响"怎么对立?

(3)为什么韵律结构是"浮/切""低/昂"二元的?其中的原理是哲学的?物理的?还是生物的?

(4)如果魏晋时期的汉语是"宫羽相变,低昂互节,若前有浮声,则后须切响"的话,那么更早的汉语也是这样吗?晚期的方言也是这样吗?西方的语言也是这样吗?人类语言韵律都是这样吗?

显然,沈休文(包括同时代和后代)的"浮声切响论"没有回答这些问题。不但没有回答,当代方言如闽南话,差不多否认了沈约的说法。我们知道:闽南话里"其轻重长短跟实词的单音节字一样,字调性的轻音(或 unstress)基本没有;所谓轻声几乎都是不带四声而已,并不轻,只能算是个 neutral tone"。[①]换言之,闽南话不但不同于英文一类有"重读 stress"的语言,也不同于北京话有轻声的韵律。如果闽南话没有轻重之差,那么福建人怎么表现"浮声切响""低昂互节"的对立呢?更何况"浮/切""低/昂"是声调的对立、还是重音的不同,仍有待发明。由此可见,中国古代声律的精辟论述仍不足以解决当今方言和古今韵律的问题:假如古代汉语如闽南话一样是没有轻重之差(其轻重长短跟实词的单音节字一样)的

---

① 此系郑再发先生所见告。

语言的话,那么如何用"浮声切响"来解释上古韵律呢?

　　古人的困境逼着我们思考。本书介绍的"相对轻重论"就是这方面的努力:节律是由相对凸显的两个成分组成的结构。人类语言节律中的相对凸显律具有普遍的性质。最近的研究表明:人类语言韵律结构是建立在节律成分的相对关系之上的(relative prominence)。相对决定二元,二元的对立可以是强弱、低昂、长短、轻重、停延等等,但其本质是二者的不同;因此韵律凸显的根本在"偏差 deviation"——造成与正常的形式的差异和不同(李艳惠、冯胜利 2013)。[①]韵律结构的二元差异性具有很强的解释力,但这不是西方理论的简单复制,也不是古代学说的直接套用,而是二者的综合和发展。当然,我们也注意到一篇文章中报道的一些学者的质疑:"文学研究套用语言学理论有待实践检验,语言学和文学研究的结合是否可能,还有待学界进一步尝试和探索。"其实,这本小书本身就是一次"文学和语言学结合"的尝试和探索。但问题不在于此,个中要点指向"语言学和文学研究的结合是否可能?"我想,回答应该是肯定的,文学如果离不开语言,二者的结合就是必然的或迟早的。所以不是"可能与否"的问题,而是"如何结合"的问题。上面的问题还表现出一些学者的忧虑:语言学的理论套得上吗?首先,"用"不一定都是"套"。事实上,古人的学说、西方的理论、语言学的方法、发声学的原理等等均可借鉴,但贵在于"创"。这里的"创"一是指"新理论",二是指"新现象"。譬如,相对凸显的预测是二元。如何创造性地预测汉语的诗歌格式?本书的结论是"诗歌每行至少要有两个节律单位"。一个单位不行,所以二

[①] 又见 Feng, Shengli and Audrey, Li. 2013. Narrow Focus is Deviation. Ms. CUHK and USC.

言诗也要读成两拍(一字一拍)。此其一。如果进而推展,那么就可以从两个单位的"基本要求"上得出两个单位的"最佳形式"的结论:汉语的最佳诗行是"两段式"。对原理的新理解伴随着对现象的新发现:唐代日本僧人遍照金刚所谓"每行二句"的诗感与我们"最佳诗行两段节律"的理论,不谋而合。[①]事实上,林庚先生的"半逗律"说的也是一行两半中间的"逗",不管三言、四言、五言、七言,一律如此。因此,不合两段节律的诗行不流行,而六言所以入文入词而不入诗者,盖在于斯。[②]

有趣的是,上文记者在采访中发现,尽管一部分学者表示愿意尝试这种新的理论工具,但是也有很多学者对此呼应寥寥。一位学者告诉记者,原因有二:一是传统的文学研究者对这种路径非常陌生;二是目前的研究成果更多是以新的话语阐释旧的问题,语言学介入文学之后,能在多大程度上解决文学的问题还有待讨论。还有的学者说:"目前的研究企图打通古今,以探寻古今诗歌的普适性规律。这也许比较符合语言学的研究路径。但对于文学研究而言,我们往往更强调汉语诗歌的独特性。如果一味去找寻汉语和英语在韵律和语法上的公约数,汉语独特的个性可能反而无法凸显。"这些报道说出了一些学者的担心和忧虑。事实上,即使语言,又何尝不具民族的个性呢?一百年前马建忠曾提出过普世语法的说法,至今仍被批评为忽视汉语独特的个性而套用格朗玛;但讽刺的是:普世语法的理论在乔姆斯基努力下,今天已蔚为大观。

当然,从语言学角度切入诗歌研究并不意味着做单纯的语言

[①] 见《文镜秘府论·天卷》:"凡上一字为一句,下二字为一句,或上二字为一句,下一字为一句。(三言。)上二字为一句,下三字为一句。(五言。)上四字为一句,下二字为一句。(六言。)上四字为一句,下三字为一句。(七言。)"

[②] 这里的"文"指骈文,"不入诗"指六言诗不流行。

学研究。本书力图利用语言的工具探讨为什么会形成这样的审美效果,为什么会产生此种诗歌形式。希望能使研究更加深入、更加全面。我很高兴记者转告我下面这段话,有的学者跟记者说:"诗歌是语言的艺术,要对其进行分析,需要从语言切入。诗歌讲究语言的结构韵律、词语的搭配。语言、音乐本身的节奏韵律对诗歌形式产生了巨大影响。把诗的语音形态、歌唱形态综合起来,才能看出语言对诗歌的影响。"——我似乎看到了希望。

回到前面说的那篇报道文章——《从语言学角度介入文学研究,汉语韵律诗体学投石问路》,我想,题目的前半句是事实,但后半句则远远不够:利用形式科学的办法来研究汉语韵律诗体的机制,不是在"问路",而是在"披荆"。成耶败耶?是耶非耶?唯时间可以喻之也。

最后,请允许我表达对本书贡献者的感激之情。首先是我系老系主任陈雄根教授。他慷慨题写书名,赠赐墨宝。这不仅是我的荣幸,更是先生对我的极大鼓励。本书的出版,全仗老朋友周洪波总编的鼎力支持:他一直敦促和关注着本书的写作,对学术的热衷和关心,令人感动。当然,最让本书直接受益的是草荃责任编辑的辛勤劳动。他不辞繁琐地设计、组织、编排和校对本书的文字和内容,其认真负责的精神令人钦佩。在此,我谨向他们表示我由衷的感谢。

2014 年 9 月 8 日,于香港中大,暨垣斋